Gehe in den Weinberg
JOHN PARSCHAUERS Leben und Vermächtnis
Donna Gassett

Gehe in den Weinberg
JOHN PARSCHAUERS Leben und Vermächtnis
Donna Gassett

Gehe in den Weinberg

JOHN PARSCHAUERS Leben und Vermächtnis

Donna Gassett

VORWORT
Doyle Klaassen

Wer je John Parschauer seine Lebensgeschichte erzählen hörte, wird wahrscheinlich so wie ich gedacht haben: Dieses außerordentliche Zeugnis der Gnade Gottes im Leben eines Menschen muss zu Papier gebracht werden! Nun, seine Tochter hat's getan! „Endlich" werden viele sagen, die John Parschauer kannten. Und solche Leser benötigen kein Vorwort von mir, um auf den Geschmack zu kommen, sondern wären jetzt schon auf der „Flucht aus Russland". Schnell wird Lesern auffallen, dass Donna Gassett anscheinend die Erzählgabe ihres Vaters geerbt hat! Herrn Parschauer kannte ich etwa 45 Jahre lang als begnadigten, demütigen und glaubensstarken Menschen. (Trotz seines Drängens hatte ich bis zuletzt Mühe, ihn mit „John" anzusprechen). Ohne selber die üblich langen Bildungswege beschritten zu haben, hat dieser Farmerssohn drei theologische Ausbildungsstätten in Kanada und Deutschland gegründet und geleitet. Und in diesen Schulen prägte er hunderte von Menschen in der Nachfolge Jesu – in ganzheitlicher Weise. Auch seine Kinder und Enkel. Sein Lebenswerk ist beredtes Zeugnis davon, dass er seinem großen Gott Großes zutraute.

Die Perspektive der Autorin ist besonders. Für sie war John Parschauer „Vati". Sie begleitete ihn von früh an als Sängerin bei seinen Diensten und erlebte ihn zuhause im Familienalltag. Bei beidem war er ein und derselbe. Hier gab es keine Dissonanz, keine Zwiespalt. Auf den letzten Seiten dieses Buches werden seine Kinder und Enkel dieses mehrfach bestätigen. Solche Vorbilder haben wir sehr nötig.

Den 28. Mai 2000 werde ich nie vergessen. In Sandusky, Ohio liegt John Parschauer im Sterben. Obwohl es ihm ganz schlecht geht, ist er kurze Zeit wach und nimmt seine Umgebung wahr. Die Familie wacht an seinem Bett. Auch Lucille und ich. Nichts davon ahnend hatten wir auf unserer Durchreise einen Zwischenstopp eingeplant. Alle können wir mit ihm reden. Spontan ergibt sich so etwas wie ein kleiner Gottesdienst. Die Töchter singen alte Glaubenslieder, auch „Gehe in den Weinberg". Der älteste Enkel, John Mark, singt leise und passend zur Gitarre. Ich danke Bruder Parschauer für seinen segensreichen Dienst in Deutschland. Wir lesen aus Gottes Wort – und beten. Für alle Anwesenden war es eine heilige Stunde, zugleich ein Abschiednehmen, denn bald setzte die Schwäche wieder ein, aus der John Parschauer wenige Tage später - in der ewigen Heimat - erwachte.

VORWORT
Matthias Rüther

Diese Lebensgeschichte bewegt. Nach dem ersten Lesen legte ich das Manuskript still beiseite und fragte mich, warum ich so aufgewühlt war. Meine Antwort: Hier geht es um einen großen Gott, der in einem einfachen Farmersohn einen großen Charakter formte. Und danach sehnen wir uns alle!

Als ich das Buch zur Hand nahm, erwartete ich, durch diese Lektüre die Geschichte der Bibelschule Brake besser zu verstehen. Ein legitimes Anliegen für einen Schulleiter. Und ich wurde nicht enttäuscht. Zahlreiche spannende und hochinteressante Details lassen die Anfänge des Glaubenswerkes im ostwestfälischen Brake bei Lemgo lebendig werden. Auch erwartete ich, in meinem Gottvertrauen gestärkt zu werden. Zu lesen, wie unser großer Gott durch einen einfachen Menschen großes bewirkt, ermutigt für das eigene Glaubensleben. Auch hier wurde ich nicht enttäuscht. Drei Bibelschulen zu gründen, die allesamt auch nach Jahrzehnten noch geistlich gedeihen, ist wohl „groß" zu nennen. Und die zahlreichen Wunder, die Gott dabei wirkte, sind ergreifend zu lesen. Dennoch. Das wirklich bewegende ist nicht die von Gott gewirkte Lebensleistung eines Schulgründers. Es ist der von Gott geformte Charakter, der bewegt. Manche Bücher von Kindern großer Persönlichkeiten geraten unterschwellig zu einer „Abrechnung" mit dem prominenten Vater. Hier schreibt die Tochter eines mehrfachen Bibelschulgründers, der nicht nur im Dunstkreis dieser Werke ein hohes Ansehen genoss. Und sie schreibt so voller Hochachtung und Liebe, dass in mir als Leser der sehnsuchtsvolle Wunsch aufkeimt: „So wäre ich auch gern!" Diesen Wunsch zu wecken, dürfte Donna Gassetts Intention beim Schreiben dieses Buch gewesen sein.

Persönlich bin ich John Parschauer nie begegnet. Als ich im Spätherbst 1999 Mitarbeiter der Bibelschule Brake wurde, lebte er in den USA. Ein Schlaganfall hatte seinen Wirkungskreis stark eingeschränkt. Wenige Monate darauf rief unser Herr seinen Diener heim in die Ewigkeit. Jahre später hatte ich das Vorrecht, seine Familie näher kennen zu lernen. Die Integrität, die mir dort begegnete, macht für mich das Buch von der ersten bis zur letzten Seite noch lebendiger.

WIDMUNG

Vor Jahren begann unsere Mutter, Maureen Parschauer, Vaters Lebensgeschichte aufzuschreiben. Sie hielt sich bewusst aus der Erzählung heraus, doch Vater würde als Erster anerkennen, wie wichtig die Rolle war, die Mutter in dieser Geschichte spielte!

Sie war die Liebe seines Lebens und über 48 Jahre seine Ehe- und Dienstpartnerin. Sie stand ihm treu zur Seite und ihr fröhliches Wesen war ihm stets eine große Ermutigung. Als Mutter von fünf Kindern und Oma (Nana) von zehn Enkeln sorgte sie für ihre Familie und brachte eine freudige und warme Atmosphäre in die Familie. Mutter besaß Vitalität und Fürsorglichkeit, und diese Eigenschaften waren für Andere eine Inspiration. Sie war ihren Kindern und hunderten von Bibelschülern ein geistlicher Mentor. Sie alle schätzten meine Mutter sehr, da sie stets ein offenes Ohr hatte, gastfreundlich war und eine von Herzen kommende Weisheit besaß.

Es war mir eine Ehre endlich das fertigzustellen, was damals im Herzen meiner Mutter seinen Anfang nahm…und ich widme diesen Bericht ihr und ihrem Gott, den sie verehrte und so treu anbetete.

DANKSAGUNG

Ich möchte allen Familienmitgliedern herzlich für ihre bedeutenden Beiträge zu diesem Buch danken.

Als geliebte Erstgeborene hat Sharon (Parschauer-Harder) weit mehr zu diesem Bericht beigetragen als lediglich die Erinnerung an Vater zu bewahren. Wir empfanden es beide als Segen, bereits als junge Mädchen an Vaters Dienst teilhaben zu dürfen und sangen oft bei Veranstaltungen, während Vater uns auf der Gitarre begleitete.
Nach solchen Veranstaltungen schlief ich für gewöhnlich auf dem Weg nach Hause auf dem Rücksitz des Autos ein. Sharon saß dann immer vorne bei Vater, half ihm beim Navigieren und leistete ihm Gesellschaft.
Dieses Bild der beiden sollte zu einem Sinnbild ihrer Beziehung werden, die von gegenseitigem Vertrauen, Unterstützung und Liebe geprägt war. Daher ist Sharons Beitrag zu diesem Bericht über Vaters Leben besonders wertvoll gewesen.

Meine Brüder, John Jr. und Ken, haben dieses Projekt großzügig unterstützt und waren stets eine Ermutigung. Ken war auch derjenige, der die

Idee für den Buchtitel und das Titelfoto von Vater hatte; John half bei administrativen Aufgaben in der Produktion. Ich bin euch beiden überaus dankbar.

Darlene (Parschauer-Schroeder) brachte sich bei der Textbearbeitung mit ihrem unvergleichlichen Urteilsvermögen ein, und versorgte uns stets mit gutem, heißem irischen Tee. Danke dir, Schwesterlein.

Und wenn ich an meinen lieben Ehemann Bill denke, dann kommen mir fast die Tränen vor Dankbarkeit. Er hielt mir beim Schreiben den Rücken frei und nahm mir alle möglichen häuslichen Pflichten ab...und er tat dies immer mit Freude!

An Sonja, Tochter, Freund und Ratgeber: Dein Interesse an diesem Projekt hat sich zu einer Leidenschaft entwickelt, Bompa und sein Vermächtnis zu ehren. Danke dir, mein liebes Mädchen, für alle deine hilfreichen Vorschläge und dein sanftes Drängen, dieses Buch fertigzustellen.

Ein herzliches Dankeschön auch an Erin Bunting für ihre Hilfe bei der Textbearbeitung und Anteilnahme an dieser Erzählung.

Ein besonderer Dank gilt der Grafikdesignerin Anna Welch (Zanotti) vom American Policy Roundtable, die das Projekt mit enormer Sorgfalt, Geduld und Detailtreue beaufsichtigt hat.

INHALT

„WER BIN ICH, HERR, HERR, UND WAS IST MEIN HAUS, DASS DU MICH BIS HIERHER GEBRACHT HAST?"

2. Samuel 7,18

EINLEITUNG

Manchmal gleicht das Leben einer Symphonie, manchmal nur einem Pfeifen. Beides kann einen bleibenden Eindruck hinterlassen. Viele sehen John Parschauers Leben als Symphonie, ein großes Werk des Glaubens. Er vertraute auf Gottes Wunder. Als Missionar und Pionier war er Mitgründer und Leiter von drei Bibelschulen - einer in Kanada und zweien in Deutschland. Mehr als 50 Jahre lang leitete und diente er diesen Schulen mit Integrität und Gottes Gnade, und Gott gebrauchte ihn auf wundersame Weise. Für viele gilt er als einer der führenden christlichen Leiter Deutschlands im 20. Jahrhundert.

Wir, seine Kinder, nahmen die Symphonie zwar wahr, doch meistens hörten wir nur sein Pfeifen und liebten es. Bei der Arbeit pfiff er vor sich hin—es war ein tiefes, gehauchtes Pfeifen. Für uns waren es die einfachen Dinge, die ihn groß machten. Er ging mit uns zum Ufer des Saint John, um dort Farnspitzen mit uns zu pflücken; auf Autofahrten hielten wir ab und zu an, um Versteck zu spielen; er half meinen Brüdern beim Bau eines Go-Karts; er schnitzte Steinschleudern für uns; er weckte uns früh morgens, um im Wald spazieren zu gehen; er nahm einen von uns im Auto mit, wenn er Besorgungen erledigte; er sagte uns, wir sollen „die Augen nach Rehen aufhalten". Er lernte mein glattes Haar zu flechten und brachte uns das Singen bei, während er uns auf der Gitarre begleitete.

Auf Dienstreisen gab Vater oft eine kurze Autobiografie zum Besten - seine „Lebensgeschichte". Ich erinnere mich an die erwartungsvolle Anspannung, die ich empfand, als mein Vater die Erzählung mit seinem typisch trockenen Humor begann: „Ich wurde vor vielen, vielen Jahren in Russland geboren." Seine fesselnden Geschichten von Gottes wundersamer Bewahrung und Fürsorge wurden nie langweilig für mich. Der Psalmist ermutigt uns, solche Geschichten aufzuschreiben; er sagt: „Das werde geschrieben auf die Nachkommen; und das Volk, das geschaffen soll werden, wird den HERRN loben." (Psalm 102,19).

Das ist der Grund, warum ich die Geschichte John Parschauers zu Papier gebracht habe. Einiges in diesem Buch stammt aus Geschichten, die er erzählt hat, einiges aus dem unvollständigen Manuskript über das Leben Vaters, das Mutter (Maureen Parschauer) mir anvertraute und einiges aus meiner eigenen Erinnerung als eines von seinen fünf Kindern. Sein erstes Enkelkind, unsere Tochter, gab ihm einst den Namen „Bompa". Irgendwie setzte sich dieser Name durch, und alle begannen ihn so zu nennen! Also, ich würde Ihnen sehr gerne „Bompa" vorstellen!

Höre die Symphonie.

Höre das Pfeifen.

KAPITEL 1

FLUCHT AUS RUSSLAND IM VERTRAUEN AUF GOTT

Henry und Matilda Parschauer, unsere Großeltern, gehörten zu den vielen deutschen Immigranten, die Ende des 19. Jahrhunderts in der Ukraine lebten. Sie waren der Einladung der russischen Zarin, Katharina der Großen, gefolgt und bewirtschafteten den fruchtbaren, brachliegenden Boden Russlands. Als Gegenleistung für ihre Arbeit würden sie Land von der Regierung bekommen. Um Arbeiter anzulocken, hatte die Regierung den Immigranten unter anderem Religionsfreiheit und die Freistellung vom Militärdienst versprochen. Dieses Angebot schien fast zu gut, um wahr zu sein, und so verließ unser Großvater Deutschland und ließ sich schlussendlich in dem deutschsprachigen, mennonitischen Dorf Walujewka in der Ukraine nieder.

Das Leben in Walujewka stellte die Menschen auf eine harte Probe, selbst für solche, die vor harter Arbeit und langen Arbeitstagen nicht zurückschreckten. Mein Großvater war entschlossen, seinen Kindern ein besseres Leben, als er es in seiner Kindheit gehabt hatte, zu ermöglichen. Er war ebenso entschlossen, sein Bestes für seine Frau, Großmutter Matilda, zu geben, die in Odessa geboren worden war. Als neunjährige Weise hatte sie keine Wahl und musste frühzeitig die Schule abbrechen, um zu arbeiten. Nachdem sie meinen Großvater Henry heiratete, arbeitete sie an seiner Seite und bestellte den harten Boden und half bei der Ernte.

Ihre hauptsächliche Verantwortung und wahre Freude war es jedoch, ihren drei Kindern Mutter zu sein und diese großzuziehen - das Ehepaar hatte zwei Töchter und einen Sohn, Henry Jr. Sie nähte Kleider für sie, strickte Pullover, kochte Mahlzeiten und betete für ihre Seelen.

Großvater strebte leidenschaftlich nach Geld und materiellen Dingen, um für die leiblichen Bedürfnisse seiner wachsenden Familie zu sorgen. Bald war er stolzer Besitzer einer Getreidemühle (dies brachte ihm Respekt ein und war ein Anzeichen für Erfolg), und nach einiger Zeit kam eine weitere Mühle hinzu. Der stetige Wind fegte über das flache Land Russlands, und mein Großvater verbrachte Tag und Nacht in seinen Mühlen; beizeiten schlief er sogar während des Essens vor Übermüdung ein. Großmutter protestierte: „Das ist es nicht wert, Henry! Du arbeitest dich noch zu Tode!" Ihre Worte zeigten jedoch keine Wirkung und gingen im anhaltenden Wind der Steppe unter, während Großvater versuchte, sich und seiner Familie ein besseres Leben zu ermöglichen.

Doch bald zogen stärkere Winde auf und rüttelten bedrohlich an dem kleinen Landhaus meiner Großeltern. Innerhalb einer Woche forderte eine Krankheit ähnlich der Diphtherie das Leben ihrer fünfjährigen und dreijährigen Töchter. Nachdem sie zwei kleine Gräber ausgehoben hatten, stellten meine Großeltern voller Entsetzen dieselben gefürchteten Symptome an ihrem siebenjährigen Sohn Henry jr. fest. Der Gedanke, alle drei Kinder zu verlieren, überwältigte sie vollkommen, und Großmutter warf sich weinend zu Boden und flehte zu Gott, er möge doch ihren Sohn verschonen. Großvater spannte voller Verzweiflung die Pferde an, und Großmutter wickelte den kleinen, fiebrigen Henry jr. in Decken. Sie fuhren mit ihm zum Tierarzt - dem einzigen Arzt, den sie finden konnten. Dieser zögerte, gab jedoch beim Anblick der Tränen meiner von Panik ergriffenen Großmutter schlussendlich nach. Er gab dem Jungen eine Spritze und auf wundersame Weise begann sich sein Zustand zu bessern.

Als Henry jr. 17 Jahre alt war und selbst in einer von Vaters Mühlen arbeitete, hatte er bereits fünf weitere Geschwister - drei Schwestern und zwei Brüder: Louise, Millie, Tina, Willie und John, der Jüngste, der am 29. Dezember 1912 zur Welt kam.

DER ERSTE WELTKRIEG

Zu Beginn des ersten Weltkriegs im Jahre 1914, als Deutschland und Russland im Konflikt miteinander standen, sah man deutsche Immigranten in Russland nicht mehr als rechtmäßige Bürger sondern als unerwünschte Fremde an. Viele gesunde, junge Männer wurden gezwungen Militärdienst zu leisten, andere schickte man nach Sibirien in Arbeitslager. Henry und Matilda gingen trotz zunehmender Angst, nächtlichen Verhören und Verhaftungen routiniert ihrem Leben nach. Eines Tages erhielt Großvater ein Telegramm von der Regierung. Man befahl ihm, sich umgehend in die Stadt zu begeben. Er verabschiedete sich von meiner Großmutter, versprach am nächsten Tag wiederzukehren und brach auf. Er sollte jedoch nie zurückkehren. Die russischen Behörden berichteten meiner Großmutter, dass ihr Mann nach Sibirien an einen geheimen Ort geschickt worden sei. Er war Häftling in einem Arbeitslager in Orenburg im Uralgebirge.

Völlig überwältigt von Angst und Trauer flehte meine Großmutter zu Gott, er möge ihr Kraft schenken, um die bevorstehenden Tage zu bewältigen. Obwohl sie ungebildet war, konnte sie jedoch zwei Bücher lesen: das Kirchengesangbuch und die Bibel. Tag um Tag schüttete sie ihr Herz vor Gott aus. Gottes Verheißungen in der Bibel gaben ihr Trost und Mut.

Eines Nachts wurde sie von einem heftigen Klopfen an der Tür aufgeweckt. Die Schreie, die von draußen kamen, befahlen ihnen, ihre Pferde anzuspannen - sie seien nun Eigentum der russischen Regierung. Während mein Onkel Henry jr. sein geliebtes, schwarzes Pony anspannte, hielt er seine Tränen zurück. Er musste zusehen, wie andere es abführten. Als die Männer gingen, fragte Großmutter: „Wann werden wir gehen müssen?" „Wenn nicht heute, dann morgen", kam die schroffe Antwort. Mit ständig zunehmender Unterdrückung durch die russischen Behörden war es lediglich eine Frage der Zeit bis die Familie deportiert werden würde. Und wohin? Man ließ ihnen die Wahl, entweder Sibirien oder Deutschland, und so entschied sich Großmutter für Deutschland.

Vor dem Umzug verkauften oder verschenkten sie ihren gesamten Besitz. Nur das Wesentliche, das sie zum Überleben brauchten, behielten sie. Großmutter packte alles zusammen, und die älteren Kinder halfen ihr beim Tragen. Der siebzehnjährige Henry jr. versuchte seiner Mutter zu helfen. Er unterstütze und ermutigte sie, wie es sein Vater wohl getan hätte. Die Atmosphäre war angespannt und voller Unsicherheit. Aus Tagen wurden Wochen und Großmutter und ihre sechs Kinder (Vater war zu diesem Zeitpunkt zwei Jahre alt) mussten sich mit den geringsten Grundbedürfnissen abfinden, während sie auf Nachricht warteten, wann sie das Land zu verlassen hatten.

Schlussendlich gaben ihnen russische Behörden den Deportationsbefehl. Die Familie musste den Hafen in Odessa erreichen; dort wartete ein Schiff, mit dem sie das Schwarze Meer überqueren konnten. Im Westen sollten sie dann in Sicherheit sein. Großmutter, ihre betagten Schwiegereltern und ihre Kinder müssen wohl ein recht armseliges Bild abgegeben haben. Jeder von ihnen trug ein sorgfältig verpacktes Bündel, das sich als überlebensnotwendig herausstellen würde. Eines dieser Bündel enthielt Brot, in das Großmutter Geld eingebacken hatte. Russische Behörden hielten sie unterwegs an und durchsuchten sie gründlich (sie rissen sogar ihre Schuheinlagen heraus). Die russische Regierung wollte sichergehen, dass kein Geld das Land verlässt. Doch Großmutters Geldbrote hatten sie überlistet.

Als sie den Hafen erreichten, wurde die Familie von russischen Behörden inspiziert. Henry jr. fiel ihnen auf. Sie zeigten auf ihn und fragten Großmutter: „Wie alt ist der Junge?" „Achtzehn", erwiderte sie. Die Beamten erklärten, er sei alt genug für den Militärdienst und befahlen, dass Henry jr. sie begleite. Bevor die Beamten ihn abführten, gab Großmutter ihrem hochgewachsenen, sanftmütigen Sohn einen letzten Kuss und rief ihm „Auf Wiedersehen" zu. Sie sollte ihren tapferen Sohn nie wieder sehen.

Das Schiff sollte erst am folgenden Tag auslaufen. Die Parschauers waren vollkommen erschöpft, sowohl seelisch als auch körperlich. Urgroßmutter musste getragen werden und mein Urgroßvater stützte sich auf seinen Gehstock. Großmutter fand eine primitive Unterkunft, ein nahgelegenes Mietzimmer, für die Familie. Sie legte die Bündel und Decken aus, um es so gemütlich wie möglich zu machen. Während die Kinder in ihrem notdürftigen Quartier fest schliefen, war Großmutter Matilda hellwach. Im Herzen flehte sie zu Gott, er möge ihr erneut Kraft schenken, sie trösten und ihr durch diese Krise helfen.

Ungefähr um Mitternacht hörte Großmutter einen dumpfen Schlag, der sie aufschrecken ließ. Sie untersuchte, woher das Geräusch gekommen war. Urgroßvater war aus seiner Liege gefallen. Auf dem Boden liegend, murmelte er vor sich hin: „Ich muss sterben." Und er verstarb tatsächlich in jener Nacht. Nun hatte Großmutter die zusätzliche Verantwortung, die Beerdigung zu arrangieren und ihre trauernde Familie zu trösten. Daher verließ das Schiff am nächsten Tag ohne die Familie den Hafen. Diese Enttäuschung und Verzögerung waren jedoch Teil von Gottes Plan und hatten die Familie vor einer noch größeren Tragödie bewahrt. Denn eben dieses Schiff lief später auf eine russische Mine auf. Bei der Explosion kamen alle an Bord ums Leben. Der plötzliche Tod meines Urgroßvaters hatte acht anderen Menschen das Leben gerettet.

Der Verlust ihres Vaters und ihres ältesten Sohnes ließ Großmutter in eine tiefe Trauer verfallen, und sie betete um göttlichen Beistand, damit sie ihre anderen weinenden Kinder trösten könne. Louise, Millie und Tina, ihre Töchter, zeigten um Mutters willen so viel Stärke wie möglich und kümmerten sich um ihre jüngeren Brüder, Willie und John. In stiller Hoffnung vertraute Großmutter ihre ungewisse Zukunft Gott an. Sie wusste, dass Gott in seiner Weisheit keine Fehler macht. Er hatte einen Plan und eine Bestimmung für die Familie und wusste, warum er sie verschont hatte.

In der Zwischenzeit wollte die Vorsehung es so, dass Henry jr. in dasselbe Lager in Sibirien geschickt wurde, in dem auch Großvater war. Sie unterhielten sich bis spät in die Nacht hinein, und Henry jr. erzählte ihm von den traumatischen Ereignissen der letzten Tage und Monate. Er berichtete von seinem traurigen Abschied von der Familie. Voller Liebe und Bewunderung erzählte er auch von dem Glauben und der Tapferkeit seiner Mutter. Und so trösteten sich Vater und Sohn gegenseitig, bis sie die Nachricht von der Schiffsexplosion ereilte.

Henry jr. bestätigte den Namen und Abfahrtstag des Schiffes. Es war das Schiff, mit dem seine Mutter und seine Familie am nächsten Tag abfahren sollten. Vollkommen entsetzt malten sie sich die Schrecken des Ertrinkens aus und waren überzeugt, ihre Familie nie wieder zu sehen. Großvater sagte später, dass die Nachricht für ihn wie ein Messerstich durchs Herz war und dass es ihm danach egal war, ob er lebte oder starb. In ihrer Trauer konnten er und Henry jr. nicht wissen, dass Matilda tausende von Kilometern entfernt Gott für die Rettung ihrer Familie lobte.

FLÜCHTLINGE

Großmutter und ihre Familie überquerten wohlbehalten das Schwarze Meer und reisten dann mit dem Zug weiter gen Norden nach Steegen, in der Nähe der freien Stadt Danzig in Preußen, wo Großvaters Bruder Ferdinand lebte. Fast Mitternacht war es, als sie die Endstation erreichten und ausstiegen. Aber wohin jetzt? Einige Männer bemerkten die Reisenden in ihrem kümmerlichen Zustand und führten die übermüdete Mutter mit ihren Kindern in eine Kneipe. Dort besorgte man ihnen Decken, damit sie auf dem Boden übernachten konnten, und am nächsten Morgen benachrichtigten sie Onkel Ferdinand. Er hatte Großmutter ein Zimmer für die ganze Familie angeboten.

Für die heimatlosen Flüchtlinge gab es nur ein einziges Ziel: Überleben. Da Großmutter sechs hungrige Bäuche zu füllen hatte, nahm sie jede ehrliche Arbeit an, die sie finden konnte - selbst wenn dies hieß, Bauern bei der Ährenlese zu helfen. Einer der Bauern, Herr Dielschneider, gab ihr jeden Tag eine Mahlzeit. Das meiste davon brachte sie jedoch nach Hause für ihre Kinder. Abgemagert und vom Hungertod bedroht brauchte die Familie dringend Nahrungsmittel. Einem benachbarten Fischer halfen die Kinder bei der Arbeit und bekamen dafür etwas zu essen. Eines Tages lud er sie zu einem Schmaus ein. Er hatte für jemanden einen Hund erschießen müssen – in der Not aß man gar Hundefleisch. Sie bekamen etwas Hundefett ab und brieten winzige Kartoffeln darin. Wie das schmeckte! Vatis sieben Jahre älterer Bruder Willi fing mit einer kleinen Mausefalle Sperlinge zum Verzehr. Meine Tante Louise, die damals zwölf Jahre alt war, arbeitete als Dienstmädchen, um die Familie zu unterstützen.

Nachts machten die Kinder bei Kerzenlicht ihre Hausaufgaben, doch nicht allzu lange, denn man musste mit dem Kerzenlicht sparsam sein. Es war fast unmöglich, an Holz und Kohlen zum Kochen und Heizen zu kommen, doch Großmutter war unglaublich hartnäckig und besaß großen Einfallsreichtum. Sie sammelte Holzstücke auf und Kohlen, die von vorbeifahrenden Eisenbahnwaggons fielen. Sogar Pferdeäpfel wurden aufgelesen und zum Kochen und Heizen verbrannt. Monat um Monat verging, und die Familie überlebte.

Sie taten sogar mehr, als bloß zu überleben. Trotz ihrer Notlage war Großmutter fest entschlossen, die Feiertage zu etwas besonderem zu machen. Meinem Vater blieb ein Weihnachtsfest ganz besonders in Erinnerung. Die Kinder wussten, wie wenig sie hatten und hatten sich auf ein Weihnachten ohne Geschenke eingestellt. Normalerweise versuchte ihre Mutter ihnen wenigstens einen Teller mit ein paar Leckerbissen zu geben - eine Orange, einen Apfel, ein paar Nüsse und Süßigkeiten. Doch als Vater an diesem Morgen die Treppe herunterkam, fand er nicht nur die Weihnachtsleckerbissen sondern etwas Unglaubliches mitten auf seinem Teller . . . eine Mundharmonika!

Während der kleine John spielte, kniete Matilda oft vor Gott und betete. In ihrer Verzweiflung bat sie ihn um Gnade und flehte, er möge ihrer Familie einen Weg aus dieser jämmerlichen Existenz zeigen. Knapp fünf Jahre zogen ins Land. Ihre Kinder beteten täglich dafür, dass ihr Vater und ihr Bruder, Henry jr., nach Hause kämen. Eines Tages während der

Pause auf dem Schulhof ließ meine Tante Tina ihre Mitschüler hinter sich und ging alleine an einen abgelegenen Ort. Unter einer Eiche kniete sie sich hin und sprach ein einfaches, direktes Gebet: „Lieber Gott, bitte bring Vati zurück." Mit Zuversicht stand sie auf und ging zurück zu ihren Klassenkameraden.

Ein paar Tage später unterbrach ein Klopfen an der Tür einen ruhigen Abend im Kreise der Familie. Ein barfüßiger, bärtiger Mann in einem ausgefransten Pelzmantel trat zögerlich ein. Nach einigen Augenblicken schierer Fassungslosigkeit fiel Großmutter ihrem Ehemann, Großvater Henry, in die Arme. Nach knapp fünf Jahren des Getrenntseins musste sie den Kindern versichern, dass dieser Fremde tatsächlich ihr Vater war. Großvater ging es ähnlich; er glaubte zu träumen oder Zeuge einer wundersamen Auferstehung zu sein. Das Rote Kreuz hatte ihn zu diesem Haus geführt, in der Hoffnung, dass er hier seinen Onkel wiederfinden würde. Er war immer noch davon überzeugt gewesen, dass seine Frau und Kinder im Schwarzen Meer vor all diesen Jahren ums Leben gekommen waren.

Nachdem sich die Aufregung gelegt hatte, tauschten sie Geschichten über Gottes Gnade und seinen Schutz aus. Matilda erzählte, wie Urgroßvaters plötzlicher Tod ihnen das Leben gerettet hatte, und sie weinten miteinander. Dann erzählte Großvater im Kreise seiner Kinder von seiner beschwerlichen Reise.

Er, Henry jr. und fünf andere Männer waren aus dem Arbeitslager in Sibirien geflohen. Bei Nacht zogen sie durch den Wald und versuchten, so schnell wie möglich voran zu kommen, bis sie vor Erschöpfung nicht mehr weiter konnten. Tagsüber versteckten sie sich im Gebüsch. Sie bestochen Bauern, um herauszufinden, wo sich die Kommunisten befanden, damit sie dann eine andere Route nehmen konnten. Einmal hatten sie das Gefühl, dass ein Bauer sie in die Richtung der kommunistischen Soldaten schickte, und sie entschlossen sich, seine Anweisungen nicht zu befolgen. Ihre Einschätzung der Lage war jedoch falsch, und bald schon befanden sich die sieben Männer Auge in Auge mit russischen Soldaten, denen sie ja um jeden Preis aus dem Weg gehen wollten. Als die Wachen fragten, wohin sie gingen, sagten die Männer die Wahrheit: Sie wollten zu ihren Familien nach Preußen. Vier von ihnen durften weiter. Die zwei Jüngsten, unter ihnen Onkel Henry jr., wurden verhaftet und zurück ins Arbeitslager geschickt.

Nachdem man ihm seinen Sohn aus den Armen gerissen hatte, sagte Großvater, dass er ohne Henry nicht mehr weiter wollte, doch irgendwie hat er es doch geschafft. Er marschierte monatelang mit verschlissenen Schuhen und einer ausgefransten alten Jacke weiter. Die Nächte waren bitterkalt. Mehrmals schossen Soldaten in ihre Richtung, so dass sie rennen mussten.

Als er schlussendlich Preußen erreichte, setzte sich Großvater mit dem Roten Kreuz in Verbindung, um seinen Bruder ausfindig zu machen. Er hatte nicht die blasseste Ahnung, dass er bald mit seiner geliebten Frau und seinen Kindern wiedervereint sein würde.

Großmutter Matilda quälte der Gedanke, dass ihr Sohn nun alleine in einem sibirischen Arbeitslager war. Sie machte sich selbst Vorwürfe, da sie Gott dazu gebracht hatte, Henry jr. von seiner Kindheitsdiphterie zu heilen. „Vielleicht war es Gottes Wille gewesen, ihn damals zu sich zu nehmen", dachte sie. „Dann wären ihm die Schmerzen, die er nun erlitt, erspart geblieben." Mit ihrem Sohn nur ein Gebet weit entfernt und mit dem Arm ihres Mannes um sie, seufzte sie tief und gab ihre Reue an den Allmächtigen ab, der den tieferen Sinn in diesen Ereignissen sah.

KAPITEL 2

MATILDAS GEBET

Nach dieser Wiedervereinigung lud Großvaters jüngster Bruder die Familie ein, bei ihm zu leben. Er wohnte in Herdecke in der Nähe von Hagen an der Ruhr. Großvater fand dort Arbeit in einem Elektronikgeschäft. Vaters Schwestern - Millie, Louise und Tina - waren junge, willensstarke Frauen, die ebenfalls Verantwortung übernehmen konnten. Sie halfen der Familie finanziell, indem sie jeden Job annahmen, den sie finden konnten. Auch hatten sie ein waches Auge auf den zehnjährigen Willie und den siebenjährigen John, die viele sorglose Stunden damit verbrachten, die Hügel und Flussufer zu erforschen.

Doch das Leben in Deutschland war alles andere als sorgenfrei. Beizeiten hörten sie Schüsse, und die Kinder rannten und versteckten sich in Gassen oder brachten sich zu Hause in Sicherheit. Für die Kinder war dies ein aufregender Nervenkitzel, da sie nicht recht verstanden, in welcher Gefahr sie sich befanden. Ihre Eltern waren jedoch angespannt und beunruhigt. Die Gespräche der Eltern waren von Unruhe geprägt; man sprach von Revolution. Nachdem die Kinder zu Bett gingen, unterhielten sich Matilda und Henry bis spät in die Nacht. Was für Optionen hatten sie für die Zukunft, und wie könnten sie den heranwachsenden Kindern ein friedliches Umfeld bieten? Großmutter betete im Stillen um Gottes Führung.

Die Antwort auf ihre Fragen kam im Sommer des Jahres 1922. Sie erhielten einen Brief von einem weiteren Onkel von Großvater, Onkel Albert. Er lud die gesamte Familie ein, bei ihm im Westen Kanadas zu wohnen. Er hatte einen Kredit von 1.000 Dollar erhalten, mit dem er die Reisekosten für die Schifffahrt bezahlen wollte. Also packte die Familie im November erneut alles zusammen. Unsere Großeltern wollten mit dem Zug nach Hamburg fahren. Als sie den Bahnhof erreichten, hörten sie Schüsse und versuchten, sich so schnell wie möglich in Deckung zu bringen. Sie erreichten Hamburg jedoch unversehrt und bestiegen ein Dampfschiff, das nach Kanada fahren sollte.

Als sie das Schiff sahen, das sie ins "verheißene Land" bringen sollte, konnten die Kinder ihre Begeisterung nicht mehr zurückhalten. Für sie war dies alles ein riesiges Abenteuer. Großvater und Großmutter sahen die Situation etwas realistischer und dachten an die Herausforderungen, Möglichkeiten und eventuellen Enttäuschungen, die vor ihnen lagen. Ihre Zukunftsperspektive schwankte zwischen Sorge und Hoffnung.

Nach 13 Tagen auf See hatten sie den Atlantischen Ozean überquert, und das Schiff mit der Parschauer Familie ging an der Küste Québecs vor Anker. Hier begann die endlos erscheinende zweite Hälfte der Reise quer durch die goldene Prärie Kanadas. Als der Zug schlussendlich in Saskatoon in der Provinz Saskatchewan hielt, luden unsere Großeltern ihre Kinder und Gepäck auf einen Kleinlaster. Es war 40 Grad unter null, als der Laster mit der erschöpften und frierenden Familie über die gefrorenen Staubstraßen polterte und dann schlussendlich im Dorf Middle Lake bei ihrem neuen Zuhause ankam.

Matilda spürte, wie eine Welle dankbarer Erleichterung über sie kam. Ihre Familie war nun wohlauf und in Sicherheit. Im Land herrschte Frieden. Gott war gut zu ihnen gewesen.

Großvater passte sich schnell an die harte Arbeit auf dem Bauernhof an und konnte bald für die materiellen Bedürfnisse seiner Familie sorgen. Auch konnte er erste Zahlungen machen, um seine Reiseschulden zu begleichen. Großmutter, die nach der Reise sehr gebrechlich war, bekam in der warmen Sommersonne neue Kraft. Die Kinder halfen ihren Eltern bei der Arbeit. Bevor sie zur Schule gingen, melkten sie die Kühe und fütterten die Tiere. Auch halfen sie nach der Schule bei der Feldarbeit, spalteten Holz und erledigten andere Aufgaben auf dem Bauernhof. Die Arbeit auf dem Bauernhof erschien ihnen jedoch leicht, verglichen damit, eine neue Sprache lernen zu müssen.

In der Schule machten sich andere Kinder über die holprige Sprechweise meines Vaters und seiner Geschwister lustig. Als Vater acht war, wehrte er sich gegen den Spott der anderen Kinder und schrie: „Not!". Er wollte „Nicht!" sagen und hatte in seinem Protest das falsche englische Wort benutzt. Seine Mitschüler brachen in schallendes Gelächter aus, doch er überlebte diese Peinlichkeiten und fand bald gute Freunde dort. Während des langen kanadischen Winters spielte er Eishockey mit den anderen Kindern. Nachdem sie einige Jahre zusammen gespielt hatten, stellten er und Willie ein Hockeyteam zusammen. Da sie sich jedoch keine Hockeyausrüstung leisten konnten, banden sie Sears & Roebucks - Kataloge als Schienenbeinschoner um die Beine! Trotz ihrer armseligen Erscheinung gewannen sie bald Spiele gegen einige der besten Eishockeyklubs in der Gegend.

ESST, TRINKT UND SEID FRÖHLICH

Louise und Millie heirateten in Kanada und hatten ihre eigenen Familien. In der Zwischenzeit wurde Großmutter zunehmend besorgt, denn ihr Ehemann und ihre Kinder kümmerten sich kaum um geistliche Dinge. Sie waren sich selbst genug, strebten nach Wohlstand und Genuss und würdigten Gottes Wirken in ihrem Leben nicht, obwohl Gott sie auf ihrer Reise beschützt und sich so gnädig um sie gekümmert hatte. Wieder ging meine Großmutter auf die Knie und bat Gott um Frieden und Zuspruch, während sie ihre Sorgen vor Gott brachte. Sie betete nicht nur für die leibliche Gesundheit und das Wohlergehen ihrer Kinder sondern auch für ihre Seelen.

Als Teenager hatten mein Vater und sein älterer Bruder Willie wenig Verständnis für die Sorgen ihrer Mutter. Sie hatten sie immer respektvoll behandelt, arbeiteten hart auf dem Bauernhof und waren lediglich der Meinung, dass sie das Recht auf etwas Freiheit und Spaß hatten. Das musikalische Talent der Brüder ebnete ihnen den Weg und brachte ihnen aufregende neue Möglichkeiten. Vater kaufte mit dem Geld, das er beim Pflügen verdient hatte, ein Saxophon. In der ersten Woche spielte er sein Instrument bereits bei Tanzveranstaltungen, und Willie begleitete ihn entweder auf dem Banjo oder der Geige. Als die Schlagzeugerin Tina und noch zwei weitere Musiker hinzukamen, war das Middle Lake Orchester geboren. Mit seinem trockenen Sinn für Humor war Vater ein geeigneter Zeremonienmeister. Bald war die Band für zwei Nächte pro Woche ausgebucht, dann drei, dann vier.

Als ihre Kinder nachts unterwegs waren, lag meine Großmutter wach und betete. Später erzählte Vater, dass er, Willie und Tina einmal im stillen Morgengrauen betrunken nach Hause gekommen waren. Sie waren jedoch noch nüchtern genug, um sich ein wenig unwohl zu fühlen, als sie sahen, dass das Licht im Arbeitszimmer noch an war. Sie wussten, ihre Mutter war wach und betete für sie.

Für Großmutter schien es so, dass je mehr sie sich über das Leben ihrer Kinder ärgerte und für sie betete, desto schlechter benahmen sie sich. Sie fragte sich, ob denn ihre Gebete keine Wirkung hatten. Allerdings wusste sie nicht, dass Vater im Zimmer nebenan oft selbst auf Knien das Vaterunser sprach und versuchte sein eigenes, unruhiges Gewissen zu besänftigen. Manchmal schlief er mitten im Gebet ein und machte sich am nächsten Tag deswegen Vorwürfe. Doch das Leben auf der Überholspur schob schlussendlich jegliche Schuldgefühle beiseite, und er schaffte es, die Leere in seinem Inneren zu ignorieren, eine Leere, die jedoch für seine Mutter sehr offensichtlich war.

Vater sah sich nicht als Heide. Er hatte es ja mit der Religion probiert. Man hatte ihn als Kind in Russland getauft; er hatte in Deutschland den Religionsunterricht und in Kanada drei Jahre lang den Konfirmandenunterricht besucht. Er stand mit den anderen in seiner Konfirmandenklasse vor der Gemeinde und hatte die Fragen des Pastors mit einem feierlichen „Ja" beantwortet: „Glaubst du an Gott den Vater, den allmächtigen Schöpfer des Himmels und der Erde? Glaubst du an Jesus Christus, seinen eingeborenen Sohn und Heiland der Welt?" Aufgrund seiner Glaubensbekundung war er nun Gemeindemitglied und nahm zum ersten Mal in seinem Leben am Abendmahl teil.

Trotz seiner Aufrichtigkeit hatten weder Religion, Konfirmation noch Gemeindemitgliedschaft irgendeinen Einfluss auf sein Leben oder auf seinen Lebensstil. Es gab Warnungen. Der Pastor forderte ihn auf, seinen Lebenswandel zu bessern. Sein Schwager konfrontierte Vater und sagte: „John, ehrlich, du übertreibst!" Seine Mutter redete eindringlich auf ihn ein und betete für ihn. Und tief in seinem Herzen wollte Vater sich ändern, doch er fühlte sich machtlos, seine schlechten Gewohnheiten zu ändern. Es waren jedoch genau diese Gewohnheiten, die langsam aber sicher sein Leben zerstörten.

HUNDERTSECHZIG KILOMETER VON ZU HAUSE

Vater und Großvater fuhren oft nach Saskatoon, um Besorgungen für ihren Bauernhof zu erledigen. Auf einer solchen Reise kam es zu einer Reihe von Ereignissen, die die Lebensrichtung meines Vaters radikal verändern würde. Während die beiden in der Stadt den Bürgersteig entlang gingen, trafen sie einen Bekannten Großvaters. Dieser fragte ihn: „Wusstest du, dass George Lepp jetzt in Dalmeny lebt?" George Lepp! Großvater konnte kaum glauben, dass sein bester Freund aus seiner Zeit in Russland nur knapp 25 Kilometer entfernt war. Er und Vater fuhren die kurze Strecke nach Dalmeny, und schon bald umarmten sich die guten Freunde herzlich. George überredete Großvater und Vater, die Nacht in seinem Haus zu verbringen. Die Unterhaltung der Männer interessierte Vater wenig, da er sich an nicht viel aus jener Zeit in Russland erinnerte. Er ging zu Bett und ließ die beiden wiedervereinten Freunde bis spät in die Nacht in Erinnerungen schwelgen.

Herr Lepp begrüßte seine Gäste freundlich zum Frühstück am nächsten Morgen und sagte: „Bei uns ist es Brauch, vor dem Essen eine Andacht zu halten." Später hatte Großvater meinem Vater erzählt, dass diese Bekanntmachung von George ihn vollkommen überraschte. Es erschien ihm sehr untypisch für diesen groben, jungen Mann, den er aus seiner Zeit in Russland kannte. Mit fassungsloser Neugier sahen Großvater und Vater zu, wie Herr Lepp die Bibel aufschlug und mit starker, klarer Stimme zu lesen begann. Dann betete er. Sein Gebet war ungewohnt und anders als die formellen, auswendiggelernten Gebete, die mein Vater normalerweise hörte. Vater gab später zu, dass er beim Gebet die Augen einen Spalt weit geöffnet hatte, um zu sehen, ob Herr Lepp das Gebet vorlas. Voller Erstaunen sah er, wie Tränen an seinen Wangen herunterliefen, als er Gott für die Wiedervereinigung mit seinem Freund nach so vielen Jahren dankte.

Während des Frühstücks merkte Vater, dass diese Familie anders war; sie hatten etwas Undefinierbares, etwas Anziehendes an sich. Nach dem Essen bot er Herrn Lepp und seinem siebzehnjährigen Sohn Jake eine Zigarette an. Beide lehnten ab und sagten, „Nein Danke, John. Ich rauche nicht." Er fand es seltsam, dass keiner der beiden rauchte, besonders ein junger Mann wie Jake in seinen besten Jahren!

Nachdem sie sich verabschiedet hatten, vereinbarten sie, sich bald wiederzusehen, und Großvater und Vater hatten auf dem Weg nach Hause viel miteinander zu bereden. Das zufällige Treffen hatte einen tiefen Eindruck bei beiden hinterlassen, und die warme Gastfreundlichkeit der Familie Lepp hatte sie gerührt. Jedoch gaben beide zu, dass die religiöse Atmosphäre im Haus etwas unbehaglich für sie war; beide hatten sich ein wenig unwohl gefühlt.

Als Großmutter hörte, dass ihre Nachbarn aus Walujewka nur 160 Kilometer entfernt waren, konnte sie kaum abwarten, sie wiederzusehen. Sie machten einen Besuchstermin aus. Tante Millie übernahm am Wochenende die Pflichten auf dem Hof, so dass der Rest der Familie die Lepps besuchen konnte. „Weißt du, die Lepps sind jetzt religiös", bemerkte Tante Tina. Sie lachte und fügte hinzu: „Vielleicht tut uns das mal ganz gut." Matilda weinte vor Freude bei dem Gedanken an ein Wiedersehen mit ihren alten Freunden. Nach dem Essen erwähnte Herr Lepp, dass es jeden Abend eine evangelistische Veranstaltung in der örtlichen Schule gab. „Heute ist der letzte dieser Abende. Möchtet ihr uns begleiten?" fragte er. Da Großvater seinen Gastgeber nicht beleidigen wollte, antwortete er für den Rest der Familie. „Wir sind eure Gäste. Wir kommen selbstverständlich gerne mit."

Jahre später gab Vater zu, dass er sich bei dem Betreten des großen Saales unwohl fühlte. Es war das erste Mal, dass er an einer evangelistischen Veranstaltung teilnahm. Zwei lebhafte Prediger in ihren Zwanzigern, Ed Ericson und Herbert Peeler, predigten an diesem Abend und teilten sich das Podium. Und so eindringlich die Predigt an diesem Abend auch gewesen sein mag, war es ein von einem deutschen Chor gesungenes Lied, das einen tiefen Eindruck bei Vater hinterließ.

Wenn der Meister wird dich fragen
Wo hast du dein Pfund?
Was wirst du als Antwort sagen?
Stumm bleibt dann dein Mund.

Nach der Versammlung stand Vater in der Schlange zum Ausgang. Wie er zur Tür kam, klopfte ihm die verheiratete Tochter der Lepps auf die Schulter; er drehte sich zu ihr um. Mit Tränen in den Augen fragte sie ihn: „John, willst du nicht mit den Pastoren sprechen?" Er erwiderte recht respektlos: „Na, warum nicht? Wenn sie mir was zu sagen haben." Also gingen er und sein Bruder Willie zurück durch die Menge.

Ed Ericson, der Evangelist, bat die Brüder Platz zu nehmen. „John, glaubst du, dass die Bibel das Wort Gottes ist? Glaubst du an den Himmel und die Hölle? Ist dir klar, dass du gegen Gott gesündigt hast?" Vater antwortete schnell mit „Ja" auf Ericsons Fragen. Doch dann fragte der junge Prediger ihn etwas, auf das er keine Antwort hatte. „Bist du jemals wiedergeboren worden?"

Ericson erklärte Vater und Willie, dass wiedergeboren sein heißt, den stellvertretenden Tod Jesu Christi am Kreuz anzuerkennen und einzugestehen, dass man ein Sünder ist und das Gericht verdient hat. Jesus hat jedoch diese Strafe, die wir eigentlich verdient haben, auf sich genommen. Er las aus dem Johannesevangelium 1, 12 vor: „Wie viele ihn aber aufnahmen, denen gab er Macht, Kinder Gottes zu werden, die an seinen Namen glauben".

„Das bedeutet, wenn du Jesus in dein Leben einlädst und ihn als deinen persönlichen Heiland annimmst, dann bist du ein Kind der Familie Gottes", erklärte er den beiden.

Bald darauf gingen mein Onkel und mein Vater vor Gott auf die Knie und bekannten ihre Sünden; sie baten Gott um das Geschenk der Erlösung. Ihre Schwester Tina beobachtete sie aus sicherer Entfernung. Sie rannte hinaus und sagte wütend: „Meine Brüder machen sich hier zum Affen. Sie werden ihr Versprechen niemals einhalten; dafür kenne ich die beiden zu gut." Sie hatte jedoch nicht mit der Gnade Gottes gerechnet. Ein sensibler Beobachter sah Tinas Frust und folgte ihr nach draußen. Sie waren bald in eine Unterhaltung über ihren eigenen geistlichen Zustand verstrickt. Tina gab ihre abwehrende Haltung auf, und an diesem warmen Abend im Juli ging auch sie vor Gott auf die Knie und betete um Vergebung. Das Trittbrett des Fords der Parschauer Familie war ihr Altar. Das Gebet, das sie sprach, war dasselbe wie das ihrer Brüder: Sie nahm Jesus Christus als ihren Heiland an.

Mit einer veränderten Einstellung ging Tina zurück in die Halle zu ihren Brüdern. Sie saßen noch bei dem Pastor. Tina betete dann mit ihnen ein Dankesgebet.

Zu Hause bei den Lepps machte sich Großmutter allmählich Sorgen. Sie befürchtete ihre Kinder hätten eventuell die Veranstaltung aus Langeweile verlassen, um am Nachtleben in Dalmeny teilzunehmen. Herr Lepp bot an zur Schule zu fahren, um zu sehen, ob sie noch dort waren. Er spähte durch das Fenster und fuhr heim, um Bericht zu erstatten.

„Matilda, deine Kinder sind auf ihren Knien und beten!"

Für Matilda hätte es keine bessere Nachricht geben können. Ich kann mir gut vorstellen, wie glücklich sie diese Nachricht gestimmt haben muss. Es war Gottes Antwort auf viele Jahre des Ringens und Betens. Alle drei ihrer Kinder in einer Nacht!

In all der Freude und in der Gemeinschaft lieber Freunde musste sich Großvater wohl ausgeschlossen gefühlt haben, denn nachdem er hörte, was seine Kinder getan hatten, gab auch er seinen Widerstand gegen das Evangelium Christi auf. Zusammen mit seinem Freund George Lepp kniete Großvater vor dem Sofa und demütigte sich vor Gott; er bekannte ihm seine Sünden und seine Selbstgenügsamkeit und bat Jesus um Erlösung.

UNTER DEM HIMMEL DER PRÄRIE

Als die Familie am nächsten Tag nach Hause fuhr, sangen sie während der ganzen Fahrt Kirchenlieder! Sie erinnerten sich plötzlich an die Lieder, die ihre Mutter ihnen in ihrer Kindheit vorgesungen hatte, und alle wollten mitsingen.

Auf dem Weg nach Dalmeny am Tag zuvor hatten Vater, Willie und Tina angehalten, um neun Bekanntmachungen für bevorstehende Tanzveranstaltungen auszuhängen, an denen sie mit ihrer Band spielen wollten. Jetzt hielten sie auf dem Rückweg und nahmen diese Poster wieder ab. Als neugierige Beistehende fragten, warum sie dies taten, gab Vater ihnen die einzig mögliche Antwort: „Das Middle Lake Orchester hat sich aufgelöst!" Die Parschauer Geschwister, deren Leben sich radikal verändert hatte, wussten irgendwie, dass sie nicht länger bei Tanzveranstaltungen spielen sollten. Das Umfeld wäre für sie eine zu große Versuchung. Das Telefon klingelte und klingelte. Freunde riefen an, wollten wissen, was passiert sei. „Die Band hat sich aufgelöst?" „Warum?" „Seid ihr religiös geworden?" „Geht ihr nun alle ins Kloster?" „Was ist mit eurem musikalischen Talent?" Vater und Willie stritten, wer die Anrufe entgegen nehmen sollte. Keiner wusste so recht, wie sie ihren Freunden erklären sollten, was geschehen war. Später fand Vater im 2. Korintherbrief 5,17 eine Erklärung: „Darum, ist jemand in Christo, so ist er eine neue Kreatur; das Alte ist vergangen, siehe, es ist alles neu geworden!" Gott gab ihm ein neues Verlangen und eine neue Motivation. Alte Gewohnheiten wurden abgelegt. Vater gab das Rauchen auf und trank auch keinen Alkohol mehr.

Er und Willie waren zu dieser Zeit auch noch recht naiv in ihrem Glauben und nahmen an, sie müssten das Evangelium nur ihren Freunden erklären, und diese wären dann sofort bereit, das Geschenk der Erlösung anzunehmen, so wie sie es getan hatten. Ihre Freunde versuchten jedoch, ihnen ihren Entscheidung auszureden und sagten: „Wenn wir alle zur Hölle fahren können, warum dann ihr nicht?"

Obwohl die Brüder ihren Freunden keine rechte Antwort geben konnten, verstanden sie, warum ihre Freunde so redeten. Nur wenige Tage zuvor hatten sie dieselben Argumente benutzt, als ihre Mutter sie bat, nicht mehr bei Tanzveranstaltungen zu spielen und den damit verbundenen Lebensstil hinter sich zu lassen. Nichtsdestotrotz tat sich eine schmerzliche Kluft zwischen ihnen und ihren Freunden auf.

Vater war zu dieser Zeit oft einsam und ging dann hinaus ins Weideland. Er suchte nach einer

Begegnung mit Gott, um vor ihm sein Herz auszuschütten. Dort unter dem Himmel der Prärie Kanadas betete er, dass Gott ihm die Kraft gebe, treu im Glauben zu sein und sein Versprechen einzuhalten, das er seinem Erlöser gegeben hatte. Vater vergaß niemals den Frieden, den er in solchen Zeiten der Gemeinschaft verspürte. Später sagte er: „Gott legte mir ein Lied aufs Herz, das wohlklingender war als alles, was wir jemals in den Nachtklubs gespielt hatten."

Als er in jenem Sommer Kühe melkte, Felder bestellte und Zäune reparierte, sang Vater oft und sprach mit Gott. Er schrieb, telefonierte und traf sich regelmäßig mit dem Evangelisten Ed Ericson. Der junge Prediger war ihm stets eine Ermutigung, und schlussendlich lud er Vater, Willie und Tina ein, bei einer seiner Veranstaltungen zu spielen. Was für eine Ehre, wieder Saxophon spielen zu dürfen, aber in einem ganz anderen Umfeld! Als sie mit hunderten von anderen Gläubigen zusammenkamen, die ebenfalls Jesus Christus nachfolgten und ihm dienten, fühlten sich die drei Geschwister nicht mehr so allein.

Ericson ermutigte neue Christen eindringlich, die Bibel zu lesen und, wenn möglich, eine Bibelschule zu besuchen, um eine intensive Ausbildung zu erhalten. Mein Vater war 20, als er den Rat seines Freundes befolgte. An einem Herbsttag packte er seine Habseligkeiten und machte sich auf den Weg zum Millar Memorial Bible Institute, das etwa 650 Kilometer entfernt in dem kleinen Dorf Pambrum in Saskatchewan lag. Er hatte bei diesem Vorhaben gemischte Gefühle. Auf der einen Seite war er überglücklich, dass er nun die Bibel studieren konnte. Auf der anderen Seite musste er seine Familie verlassen. Er tat dies schweren Herzens, da er wusste, dass die anderen in seiner Abwesenheit seinen Teil der Arbeit auf dem Bauernhof übernehmen mussten. Als er von zu Hause wegfuhr, blickte er zurück auf das Haus, das er mitgebaut hatte - ein Haus, das für ihn mit so vielen Erinnerungen verbunden war. Er hatte Tränen in den Augen, als er seine Eltern in der Tür stehen sah; sie sahen wie ein Kunstgemälde aus, als sie ihm zum Abschied zuwinkten.

KAPITEL 3

LEBENSVERÄNDERNDE ENTSCHEIDUNGEN

Vater erzählte uns, dass das Dorf Pambrum so klein war, dass er, ohne es zu merken, direkt daran vorbeifuhr. Als er dann umdrehte, fuhr er erneut daran vorbei, diesmal aus der anderen Richtung! Dann sah er ein schimmerndes Licht in der Dunkelheit des Tales. Später sagte er, dass dieses kleine Licht, den Funken in seiner Seele symbolisierte, der über die nächsten drei Jahre zu einer großen Flamme geschürt werden sollte. Der schottische Pionier William Millar hatte die Bibelschule im Jahr 1928 gegründet. Herbert Peeler, der kurz zuvor die Bibelschulausbildung abgeschlossen hatte, wurde 1933 sein Assistent. Als Millar ein paar Monate später verstarb, wurde Peeler sein Nachfolger. Als frommer, demütiger Mann eignete er sich ideal als neuer Leiter.

Vater war einer von nur vier Männern in der ersten Klasse. Als er die primitive Ausstattung der Schule sah, fragte er sich, ob er nicht zu voreilig das Angebot der lutherischen Theologieschule ausgeschlagen hatte. Das Stipendium hätte ihm sowohl die Studiengebühren als auch die Kosten für Verpflegung erspart. Vater hatte kein Geld für Schulmaterialien; oft betete er sogar für Geld, um Briefe nach Hause schreiben zu können. Das Essen der Bibelschüler bestand aus den einfachsten Grundnahrungsmitteln. Sie labten sich aber an dem Studium der Schrift, die ihnen mit großer Sorgfalt präsentiert wurde. Der herausragende Unterricht am Millar Memorial Bible Institute ließ Vater geistlich aufblühen. Im Laufe der Zeit lösten sich seine Befürchtungen hinsichtlich der Schule in Wohlgefallen auf. Er kam als „biblischer Analphabet" zur Schule, besaß noch nicht einmal eine eigene Bibel. Meist wusste er nicht, wie er bestimmte Bibelpassagen finden sollte, und blätterte verlegen durch die Seiten, wenn der Lehrer einen Vers zitierte. Er bat seine hilfsbereiten Klassenkameraden oft um Hilfe.

Der Unterricht von Herbert Peeler forderte Vater heraus und hinterließ einen bleibenden Eindruck bei ihm. Als junger Direktor in seinen Zwanzigern war er anderen ein Vorbild. Er arbeite hart, hatte jedoch auch eine Menge Spaß. Er fuhr weite Strecken in seinem Kleinlaster oder machte sich zu Fuß auf den Weg, um evangelistische Veranstaltungen zu halten. Und es war nie zu kalt für ihn, um Eishockey zu spielen. Peeler war „ein Vorbild den Gläubigen im Wort, im Wandel, in der Liebe, im Geist, im Glauben, in der Keuschheit (1. Timotheus 4,12).

Eine weitere Person, die einen starken Einfluss auf Vater hatte, war sein Freund Ken Robins. Vater entdeckte, dass er viel mit diesem hochgewachsenen, schlaksigen Junggesellen gemein hatte. Robins war ebenfalls ein lebensfroher und sympathischer junger Mann, der sich auch ordentlich ausgetobt hatte, bevor Jesus sein Herz und sein Verlangen veränderte. Er und Vater wurden beste Freunde und halfen einander sogar beim Wäsche machen. Ihre Methode? Sie kochten ihre weiße und dunkle Wäsche zusammen in einem großen Topf!

Vater und Ken waren stets dankbar, wenn andere Familien sie zu Mahlzeiten nach Hause einluden. Glenn und Margaret Gamble mit ihren fünf Kindern schien es nichts auszumachen, für eine oder zwei weitere Personen zu decken. Vater hatte Spaß daran, sich mit dem jungen Jack Gamble und seinen vier reizenden Schwestern zu unterhalten. Die fünfzehnjährige Maureen - zierlich, extrovertiert und humorvoll - hatte Vater ganz besonders beeindruckt.

Nach seinem ersten Jahr an der Bibelschule ging er zurück nach Middle Lake, um dort auf dem Bauernhof mitzuhelfen. Er und Willie hatten vor, Gottesdienste in öffentlichen Schulgebäuden abzuhalten. Sie gaben dies über das Gemeinschaftstelefon bekannt (dreimal klingeln bedeutete, es folgte eine öffentliche Durchsage). Als man Vater fragte, wer denn der Redner sei, nahmen Vater und Onkel Willie ihren ganzen Mut zusammen und sagten, „Nun . . . John wird predigen!"

Ein ortsansässiger Pastor hörte von ihren Plänen und zog ihre Qualifikation für einen solchen Dienst in Frage. Sie hatten zu diesem Zeitpunkt noch keinen Abschluss von einem theologischen Seminar. Obwohl Vater und Willie die Bedenken des Pastors respektierten, ließen sie sich davon nicht beirren und begannen, ihre Pläne in die Realität umzusetzen. Sie waren nervös. Würde überhaupt jemand kommen? Kurz vor Beginn des Gottesdienstes kamen die ersten Leute aus dem Dorf. Sie waren neugierig und wollten wissen, was aus diesen beiden Musikern, die nun Prediger waren, geworden sei.

Die Brüder begannen den Gottesdienst mit Gesang und spielten ihre Instrumente zur Ehre Gottes. Als Vater zu reden begann, stand plötzlich ein Mann im Saal auf und stellte Vater eine theologische Frage. Vater war klar, dass er die Frage nicht angemessen beantworten konnte. Die Anspannung war spürbar. Sein Gesicht wurde langsam warm, und sein Herz begann heftig zu schlagen. Dann stand zu seiner großen Erleichterung ein kräftiger Holländer auf, den man in Middle Lake kannte und respektierte. Er sagte jenem Mann, der sich später als Leiter einer Sekte herausstellen würde, er solle sich hinsetzen! „Wir sind hier, um John sprechen zu hören!" Das tat er dann auch, und die Veranstaltung konnte ohne Unterbrechung fortgesetzt werden.

Die Reaktion auf den Gottesdienst war so positiv, dass Vater und Willie nun jede Woche Veranstaltungen abhielten. Und so bildete sich eine Glaubensgemeinschaft, die im Laufe der nächsten zwei Jahre mehr und mehr wuchs. Es gab jedoch auch Widerstand gegen den Dienst. Man verbot ihnen bald, die Schule als Versammlungsort zu nutzen. Die Brüder beteten für andere Örtlichkeiten, und am letzten Sonntagsgottesdienst in der Schule machten sie die folgende Bekanntmachung: „Ab nächster Woche wird der Gottesdienst in einer Blockhütte stattfinden." Sie gaben der Gemeinde eine Wegbeschreibung und fingen an, die Hütte zu bauen! Willie lieferte die Holzstämme, die er eigentlich zum Bau seines eigenen

Hauses für sich und seine Frau Annie verwenden wollte. Er und Annie hatten diese Entscheidung gemeinsam getroffen. Für die ersten zwei Jahre ihres gemeinsamen Lebens lebten sie mit Großmutter und Großvater Parschauer, bis Willie erneut genügend Geld für Baumaterialien zusammengespart hatte. Viele andere investierten Zeit und Arbeit. Gott segnet die Leidenschaft der Brüder, und am folgenden Sonntag wurde die Gospel Chapel [Evangeliumskapelle] eingeweiht.

DER RUF IN DIE MISSION

Während der nächsten zwei Jahre an der Bibelschule, war Vater sich sicher, dass Gott ihn in die Mission rief. Er wusste, dass dies sein Lebenswerk sein sollte. Doch wohin sollte er gehen? Die Not schien überwältigend. China? Japan? Südamerika? - Schlussendlich entschied er sich für Afrika. Vater bewarb sich bei einer Mission und zu seinem großen Erstaunen lehnte man seine Bewerbung ab. Voller Enttäuschung betete er und bat Gott um Weisheit und göttliche Führung für den nächsten Schritt auf seinem Lebensweg.

Nachdem Vater die Ausbildung am Millar Memorial Bible Institute abgeschlossen hatte, arbeitete er auf dem Bauernhof in Middle Lake, predigte regelmäßig in der neuen Gospel Chapel und hielt evangelistische Veranstaltungen in der Gegend. Er verlangte keine Bezahlung für seine Predigtdienste und wurde Zeuge, wie Gott manchmal auf sehr ungewöhnliche Weise für ihn sorgte. Nach einem längeren Dienst weiter weg von zu Hause, benötigte er ein Zugticket, um über Weihnachten nach Hause zu fahren. Ein vollkommen Fremder gab ihm einen Umschlag mit 20 Dollar, was seine Reisekosten mehr als deckte.

Vater nahm jede Gelegenheit zum Predigen oder Musizieren wahr. Sein Saxophon und seine Gitarre waren seine ständigen Begleiter. Auf einer Zugfahrt bemerkte der Fahrscheinkontrolleur, dass Vater eine Gitarre in der Gepäckablage über ihm verstaut hatte.

„Warum nehmen Sie die Gitarre nicht herunter und spielen etwas für uns?" schlug er vor.

„Nun ja, was würden Sie denn gerne hören?" fragte Vater.

„Ach, singen Sie doch „A Hot Time in the Old Town Tonight" [Eine heiße Party in der Stadt heut' Nacht].

Ohne ein Wort zu sagen, nahm Vater die Gitarre und fing an zu singen:

I left the way of death and sin
The road that many travel in
And if you ask the reason why
I seek a glorious home on high.
This world, this world is not my home...
Ich verließ den Weg des Todes und der Sünde
Die Straße, auf der es viele Reisende gibt
Und wenn du mich fragst warum, dann sage ich

Ich strebe nach einer herrlichen Heimat in der Höhe
Diese Welt, diese Welt ist nicht meine Heimat...

1940 nahm Vater die Einladung von Henry Hildebrand, dem Präsidenten des Briercrest Bible Institute, an. Er hatte Vater eine Lehrerstelle an der Schule in Caronport in Saskatchewan angeboten. Vater bewunderte Henry Hildebrand. Henry war ein weiser Mann mit ausgezeichneten administrativen Fähigkeiten. Er war herzlich und humorvoll und hatte ein hohes Maß an Selbstdisziplin und ein scharfes Urteilsvermögen. Seine Lehrerkollegen Homer Edwards, Orville Swenson, Od Brygmann und Abe Cornelson waren alle Teil von Vaters neuem Freundeskreis; das Format dieser Männer forderte ihn heraus. Doch, so sehr das Unterrichten ihm Freude machte, verspürte er doch ein unleugbares Tauziehen in seinem Herzen. Es zog ihn in die Außenmission.

Als sein drittes Unterrichtsjahr zu Ende ging, sprach Vater mit Herrn Hildebrand und erzählte ihm, dass er sich mehr und mehr in die Außenmission berufen fühlte. - Vater entschloss sich, Briercrest nach der nächsten Frühjahrskonferenz zu verlassen, und Hildebrand unterstützte ihn sogar in dieser Entscheidung. Auf eben dieser Frühjahrskonferenz traf Vater D.R. Aikenhead, den Leiter der Canadian Sunday School Mission (CSSM) [Kanadische Sontagsschulmission]. Aikenhead fragte Vater, ob er sich vorstellen könne, in einer der Küstenprovinzen im Osten Kanadas bei der Gründung eines CSSM Zweiges zu helfen.

Der Gedanke, das geschützte Briercrest-Umfeld und die Prärie mit allem, was ihm lieb und vertraut war zu verlassen und über 3.000 Kilometer weit weg an die Ostküste Kanadas zu ziehen, war beängstigend. Vater kannte niemanden im Osten Kanadas. Man hatte ihn gewarnt: Ostprovinzler sind kalt und konservativ. Doch Gott rief ihn und Vater wusste, dass er ihm den Weg ebnen würde, und so nahm Vater die Einladung an.

MAUREEN

Vater hatte Gott um eine Ehefrau, eine Begleiterin und eine Partnerin gebeten, um sein Leben und seinen Dienst mit ihm zu teilen. Er musste häufig an Maureen Gambles heiteres Gesicht denken. Maureen machte eine Ausbildung zur Krankenschwester in Toronto in Ontario, und Vater hoffte, sie dort auf seinem Weg nach New Brunswick zu treffen. Als der Zug in Richtung Toronto fuhr, wurde er zunehmend nervöser.

Ein Treffen mit Bibelschulfreunden war geplant, und Maureen würde auch dabei sein. Als sich der gemeinschaftliche Abend dem Ende neigte, bot Vater Maureen an, sie auf der Busfahrt zum Studentenwohnheim zu begleiten. Maureen verstand Vaters romantische Absichten nicht so recht und sagte ihm, dass eine weitere Krankenschwester aus ihrem Wohnheim sie ebenfalls begleiten würde. Vater rief schnell ein Taxi für Maureens Freundin und bezahlte ihr sogar die Fahrt, damit er mit ihr alleine im Bus sein konnte.

Aus dem 15-jährigen Mädchen mit Sommersprossen, das Vater noch aus Pambrun kannte, war inzwischen eine strahlende und intelligente junge Frau geworden, die den Herrn liebte. Doch würde sie sich tatsächlich in ihn verlieben? Er hatte weder finanzielle Sicherheiten noch ein Haus in New Brunswick. War es zu früh, um ihr einen Heiratsantrag zu stellen? Was für ein Leben würde er ihr bieten können? Die Fragen schwirrten ihm durch den Kopf, doch als sie zur Bushaltestelle kamen, hielt Vater um Maureens Hand an. Er konnte es kaum glauben, als sie erwiderte: „Ich habe dich immer geachtet, John, und es wäre mir eine Ehre und Freude, dich zu heiraten."

Mit einem Lied im Herzen reiste Vater weiter nach New Brunswick zu Herrn und Frau Clayton Clark. Herr Clark war ein Geschäftsmann mit einer sanften Stimme, und seine Frau eine liebenswürdige Gastgeberin. Vater fühlte sich dort schnell wohl. Die Clarks teilten Vaters evangelistische Leidenschaft. Herr Clark war der Präsident des neu zusammengesetzten Vorstandes der CSSM in New Brunswick. Der Vorstand leistete die Vorarbeit für die bevorstehenden Ferienbibelschulen und Sommerfreizeiten.

Im Mai trat Vater die lange Zugreise zurück in den Westen Kanadas an und heiratete die reizende Maureen Gamble am 10. Mai 1944. Sein guter Freund und ehemaliger Zimmerkollege Ken Robins vollzog die Trauung. Beim Empfang las Ken ein Telegramm vor, dass ihm ein Gratulant geschickt hatte: "It's a Gamble, but a good one!" [Englisches Wortspiel: Es ist ein Wagnis (gamble), jedoch ein gutes!]

KAPITEL 4

DIENST IN NEW BRUNSWICK

Vater und Mutter kehrten nach New Brunswick zurück, um sich gemeinsam den Herausforderungen des Dienstes zu stellen. In einem Auto, das Vater von Herrn Clark geliehen hatte, suchte er nach neuen Örtlichkeiten, an denen sie Ferienbibelschulen veranstalten konnten. Er machte sich auf den Weg in die nahegelegene Stadt Hartland, um nach freiwilligen Helfern zu suchen. Am Bahnhof fiel ihm ein Mann auf, der Mühe hatte, mehrere Kartons mit Hühnerküken in seinem Auto zu verstauen. Vater bot an, ihm beim Transport nach Cloverdale behilflich zu sein. Aus Dankbarkeit lud der Mann ihn zu sich nach Hause ein, und Vater fand durch diesen Mann Zugang zu den Menschen in Hartland.

Vater bekam zudem die Erlaubnis, in den Schulen Werbung für das Sommerfreizeitprogramm zu machen. Die Kinder, deren Familien nicht im Stande waren, sich die fünf Dollar Gebühr zu leisten, konnten stattdessen 100 Bibelverse auswendig lernen und durften dann kostenlos an der Freizeit teilnehmen. Vater hatte auch schon bald seine erste Ferienbibelschule organisiert. Schon nach kurzer Zeit erklärte sich eine so große Anzahl an Leuten bereit, die Bibelschulen bei sich zu Hause abzuhalten, dass es nicht genügend qualifizierte Lehrer gab, sie zu leiten! Die große Nachfrage und der Mangel an Lehrern war teilweise auch durch die Tatsache begründet, dass es im Osten Kanadas noch kein Ausbildungszentrum gab, an dem man die Bibel studieren konnte. Die nächstgelegene Bibelschule war 1.600 Kilometer entfernt in Toronto. Vater schickte ein S.O.S. an einige der Bibelschulen im Westen, und etliche Schüler halfen ehrenamtlich im Sommer aus.

Im Herbst kam Vaters Freund, der Evangelist Ed Ericson, um ebenfalls an Evangelisationsveranstaltungen mitzuwirken. Als sich mehr und mehr junge Menschen bekehrten, beunruhigte es Ericson, dass es keine Bibelschule für sie in der Nähe gab. Als Ericson das Thema mit Vater besprach, fragte er ihn: „John, warum gründest du nicht eine Bibelschule?" Vater gab zu, dass die Frage ihn zwar überraschte, doch je mehr er über die Herausforderung nachdachte und je mehr er darüber betete, desto überzeugter wurde er, dass er dieses Projekt in Angriff nehmen sollte.

Vater besprach die Idee ebenfalls mit Clayton Clark und anderen Mitgliedern des CSSM Vorstands. Bei der Diskussion über die Neugründung einer Bibelschule stellte der Kassenwart des Vorstandes die offensichtliche Frage: „Wie viel Geld haben wir, um dieses Projekt in Angriff zu nehmen?" Die Sommerveranstaltungen hatten alle Geldmittel aufgebraucht. Zugtickets für die Freiwilligen aus dem Westen zehrten zusätzlich an den Reserven. Es herrschte Krieg, und das Geld war knapp. Der CSSM standen sage und schreibe zehn Dollar zur Verfügung.
Ein Wunder musste her. Und derselbe Gott, der vor langer Zeit fünf Brot-

laibe und zwei Fische vermehrte, begann damit, das Benötigte bereitzustellen.

Herr Clark bot seine leerstehende Farm in Rosedale an. Das kleine Farmhaus hatte keinen Strom, keine Heizung, kein fließendes Wasser, und die Zimmer mussten grundlegend renoviert werden, bevor sie für Bibelschüler bewohnbar wären. Nichtsdestotrotz beschlossen Vater und seine Kollegen im Vorstand, das Projekt in Angriff zu nehmen und vertrauten Schritt für Schritt auf Gottes Treue und Führung. Vater schrieb im Winter zehn junge Leute für ein Bibelstudium ein, und andere willige Helfer schlossen sich dem Team ebenfalls an. Helen Dosso, Absolventin des Pambrun Bible Institute, wurde zur Dekanin ernannt und Mitabsolventin Thelma Orvick diente als Köchin. Nachbarn boten an, die Schüler bei sich zu Hause wohnen zu lassen. Sie spendeten Essen und halfen beim Transport. Und im Oktober 1944 fand die offizielle Eröffnung des New Brunswick Bible Institute statt.

EINGESCHNEIT

In jenem Winter schneite es wie niemals zuvor. Die zehn jungen Schüler waren tagelang eingeschneit. Es gab also nicht viel, das sie vom Studium des Wortes ablenken konnte. Die Gottesdienste am Sonntagabend waren für die Öffentlichkeit zugänglich, und die Besucherzahl stieg stetig. An Wochenenden halfen Schüler und Mitarbeiterschaft den Gemeinden in der Gegend bei ihren Diensten.

Mutter machte das Beste aus den primitiven Bedingungen in Rosedale. Sie half beim Kochen für die Bibelschüler und gab Englisch- und Etikettenunterricht. Sie war fest davon überzeugt, dass die jungen Leute zusätzlich zu ihrem Bibelwissen ein paar gesellschaftliche Umgangsformen lernen mussten, um im Dienst effektiv zu sein!

Meine Schwester Sharon wurde in diesem Winter am Valentinstag mitten in einem schweren Schneesturm geboren. Vater war hocherfreut und vergnügt. Er nahm seine Gitarre mit ins Krankenhaus und brachte seiner neugeborenen Tochter ein Ständchen. Er spielte „Rose of Sharon (So Precious to Me)" [Eine Rose namens Sharon (die für mich so kostbar ist)]. Als der Winterschnee geschmolzen war, bereiteten sich die zehn jungen Schüler auf die Sommermission vor. Die meisten von ihnen schlossen sich der CSSM an und unterrichteten als Ferienbibelschullehrer in verschiedenen ländlichen Gemeinden.

WACHSTUMSSCHMERZEN

Vater spürte bereits zu diesem Zeitpunkt, dass das Arbeitspensum zu viel für ihn war. Er brauchte dringend andere gottesfürchtige Leiter, mit denen er die Verantwortung teilen konnte. Er dachte dabei sofort an seinen guten Freund Ken Robins, der zu der Zeit Leiter der CSSM in Manitoba war und am Winnipeg Bible College unterrichtete.

Der Vorstand des New Brunswick Bible Institute beschloss, Ken den Posten des Schuldirektors anzubieten. Als Ken das Angebot annahm und mit seiner Frau Ruth und dreijährigen Tochter Kaye eintraf, war Vater hocherfreut. Ken und Ruth packten gleich mit an und leiteten bis zum Beginn des Herbstsemesters die Ferienbibelschulen. Der Dienst wuchs beständig an und bald schon brauchte die Schule neue Örtlichkeiten. Der Vorstand kaufte im nahegelegenen Victoria ein großes Haus auf einem über acht Hektar großem Grundstück mit Blick auf den St. John Fluss. Man transportierte ebenfalls ein vorgefertigtes Haus vom mehr als 3 Kilometer entfernten Rosedale zum neuen Bibelschulstandort. Das Gebäude wurde winterfest gemacht und in eine Wohnung für die Robins, ein Büro und ein Frauenwohnheim aufgeteilt. Mutter und Vater bewohnten das Erdgeschoss des anderen Hauses; das Wohnheim für die Männer war im Obergeschoss.

17 Schüler hatten sich für das Herbstsemester im Jahr 1945 eingeschrieben, und als diese neue, erste Klasse hinzukam, musste die Schule einen weiteren Lehrer einstellen. Bei einer Jugend für Christus-Veranstaltung in Halifax in der Provinz Nova Scotia traf Vater Mark Bredin, Assistenzpastor an der dortigen anglikanischen St. Luke Kirche. Als Vater nach Hause kam, erzählter er Ken Robins von seinem Treffen mit Mark und sie beschlossen, ihm die Lehrerstelle anzubieten. Mark und seine Frau Mildred trafen genau zur rechten Zeit beim New Brunswick Bible Institute ein, um beim Verputzen der Wände eines weiteren neuen Wohnheims mitzuhelfen.

Einem Farmer in der Nachbarschaft, Walter Whitehouse, erschien dieses „religiöse Institut" sehr verdächtig. Doch die Bereitschaft der Bibelschullehrer, sich die Hände dreckig zu machen, hatte ihn beeindruckt. Er erklärte eines Tages: „Diese Prediger scheuen sich tatsächlich nicht vor harter Arbeit." An einem stürmischen Freitagabend besuchten Whitehouse und seine Frau Evelyn eine Gebetsversammlung der Schule. Als Vater nach Gebetsanliegen fragte, stand Evelyn auf und sagte einfach: „Betet für mich. Ich möchte gerettet werden." Ein Jahr später, nachdem Herr Whitehouse den Wandel seiner Frau eine Zeit lang beobachtet hatte, nahm er selbst den Herrn Jesus als seinen Heiland an. Und ein paar Jahre später wurde der einst skeptische Bauer Vorstandsvorsitzender des New Brunswick Bible Institute.

Die Finanzierung der Schule gab ebenfalls Anlass zur Sorge. Da die Bibelschule überkonfessionell ausgerichtet war, konnte man sich nicht auf die regelmäßige Unterstützung einer Organisation verlassen. Doch Gott gebrauchte den stetig wachsenden christlichen Freundeskreis sowie auch Leute vom Ort, die an den Wert einer Bibelschulausbildung glaubten, um die Bibelschule finanziell durchzutragen.

Vaters Herz brannte jedoch weiterhin für die Mission. Und obwohl der Schwerpunkt der Schule auf dem Bibelunterricht lag, wusste Vater auch, dass die gute Nachricht des Evangeliums an andere Menschen weitergegeben werden sollte und dass Mission ebenfalls ein Schwerpunkt sein musste.

Der Schulvorstand bat mehrere Missionsorganisationen, ihre Vertreter zum New Brunswick Bible Institute zu schicken. Zwei erwiderten und sagten, dass sie seit 13 Jahren keine Missonsvertreter in die Gegend geschickt hätten. Zu Beginn des Herbstsemesters hielt die Schule ihre erste Missionskonferenz mit waschechten Missionaren! Tommy Titcombe und Ed Ratzlaff von der Sudan Interior Mission und Raymond Frame von der China Inland Mission forderten die Schüler, Mitarbeiterschaft und Konferenzgäste heraus.

Nach der Konferenz besuchten die Missionare verschiedene Gemeinden in den Küstenprovinzen und im amerikanischen Bundesstaat Maine. Sie baten die Gemeinden eindringlich, sich an missionarischen Diensten zu beteiligen. Viele ließen sich von der Vision anstecken und nahmen die Unterstützung der Auslandsmission in ihr Budget auf.

Von den zehn Schülern in dem ersten Absolventenjahrgang des New Brunswick Bible Institute wurden zwei Auslandsmissionare und acht dienten in kanadischen Gemeinden, wo sie weiterhin treu die Weltmission unterstützten. Schlussendlich spendeten tausende von örtlichen Gemeinden aufopferungsvoll für die Mission, und Vater verstand nun ein erstaunliches Prinzip - niemand kann im Endeffekt mehr geben als Gott.

AUSBAU

Das Werk wuchs und wuchs. Gott stellte finanzielle Mittel bereit; es wurden Wohnheime, Klassenzimmer, eine Konferenzhalle (zugleich Turnhalle) gebaut. Auch kamen darüber hinaus sechs neue Vollzeitmitarbeiter hinzu. 52 Missionare leiteten 89 Ferienbibelschulen. Sie gaben das Evangelium an mehr als 20.000 Menschen weiter. Auch bot die Bibelschule einen Fernkurs an, der sehr beliebt wurde.

Im Dezember 1947 schrieb Vater in einem CSSM Rundschreiben: „Als Missionsgesellschaft haben wir jeden denkbaren Grund, Gott für all das, was er getan hat, zu preisen."

Aufgrund von Bauprojekten während der Sommerzeit musste die Schule eine andere Örtlichkeit für die Kinderfreizeiten finden. Die Schule kaufte ein malerisch-schönes Grundstück am See, das nur 45 Minuten entfernt war. Vater, Herr Clark und andere Männer überquerten den gefrorenen Davidson See und begannen damit, das Grundstück zu roden. Nach einiger Zeit hatten sie genügend Bäume gefällt, um Platz für das Hauptgebäude zu schaffen; und so entstand Sandy Cove [Sandige Bucht]. Das Camp wurde zum Sommerausflugsziel für Kinder, und viele von ihnen kamen während ihrer Zeit dort zum Glauben an Jesus Christus.

1951 produzierte und leitete Vater das Programm The Children´s Hour [Die Kinderstunde], eine wöchentlichen Radiosendung, die live über eine Radiostation in Houlton im Staat Maine übertragen wurde. Mutter gab eine dramatische Lesung der Susie Books zum Besten, eine Geschichtenserie mit lebensnahen Abenteuern, die zudem eine geistliche Anwendung hatten. Meine Schwester Sharon war „Susie", und andere Bibelschüler hatten ebenfalls regelmäßige Gastrollen in der Show. Vater sorgte für die

Geräuschkulisse, wie zum Beispiel quietschende Türen, ein weinendes Baby oder einen Donnerschlag. Diese Geräusche spielte er von seinem alten Kassettenrekorder ab. Einmal war Mutter gerade mitten in einer spannenden Geschichte. Sie las „Plötzlich unterbrach ein mächtiger Donnerschlag die Stille" und hielt inne, während sie auf den Donnerschlag wartete. Nichts. Vater hatte seine Kassette an eine falsche Stelle gespult. Mutter improvisierte und versuchte es erneut. „Und ein weiterer Donnerschlag ertönte!" Wieder nichts. Meine Mutter versuchte zu diesem Zeitpunkt verzweifelt, sich das Lachen zu verkneifen, während ihr die Tränen die Wangen herunterliefen. Sie probierte, so gut sie konnte, ihre dramatische Lesung fortzusetzen . . . ohne Geräuschkulisse. Vater erzählte uns, dass er einmal sein Aufnahmegerät in einem Schafstall aufstellte, und ein äußerst hilfreicher Bauer versuchte die weniger kooperativen Schafe zum Blöken zu bewegen.

Trotz einiger Ausrutscher hatte die Sendung bald eine recht große Zuhörerschaft; Tausende von Kindern und auch Erwachsene hörten regelmäßig zu. Viele Menschen schrieben Briefe und erzählten, dass sie nach der Radiosendung Jesus als ihren Heiland angenommen hatten.

Wie Vaters und Mutters Dienst so wuchs auch ihre Familie. Vater fuhr Mutter im Mai 1946 zum Woodstock Krankenhaus, und dort wurde ihre zweite Tochter geboren: Nämlich meine Wenigkeit! Nur Augenblicke nach der Geburt versicherte der Arzt meiner Mutter: „Frau Parschauer, sie haben eine weitere, gesunde Tochter." Von der Geburt geschwächt sagte Mutter, noch auf dem Entbindungstisch liegend: „Das ist wunderbar. Unser nächstes Kind wird ein Junge sein." Der Arzt lachte und sagte, dass es nicht viele Frauen gäbe, die ihr nächstes Kind so kurz nach einer Geburt planten!

Doch Mutter sollte Recht behalten. Zwei Jahre später, kurz vor Weihnachten, wurde ihnen der erste Sohn geboren. Sharon und ich waren begeistert; es war das beste Weihnachtsgeschenk, das wir in diesem Jahr bekamen. Am nächsten Morgen, als Vater das Klassenzimmer betrat, um zu unterrichten, wollten die neugierigen Schüler selbstverständlich wissen, was los war. Ohne ein Wort zu sagen, nahm Vater ein Stück Kreide und schrieb „Sein Name ist John" an die Tafel, so wie einst Zacharias, der Vater von Johannes dem Täufer, das Wunder der Geburt seines Sohnes verkündet hatte. Die jungen Bibelschüler im Klassenzimmer brachen in freudigen Applaus aus. Unsere Schwester Darlene wurde ein paar Jahre später im Jahr 1952 geboren. Bald hatte sie uns alle mit ihrem fröhlichem Gemüt und ihrem Charme um den Finger gewickelt. Ich erinnere mich noch daran, wie sie als Kleinkind völlig zufrieden auf dem Schoss meines Vaters saß. Er hatte seinem Arm um sie gelegt und studierte mit ihr auf dem Schoß an seinem Schreibtisch.

So beschäftigt wie Vater auch war, nahm er sich stets Zeit für uns - er spielte Verstecken mit uns, baute Puppenbetten für uns Mädchen, und zu Ostern versteckte er Ostereier auf den Wiesen entlang des Saint John. In diesen Jahren in New Brunswick begann ein bestimmtes Einschlafritual. Vater und Mutter versammelten alle im Wohnzimmer und hielten eine kurze Andacht mit uns. Nachdem Vater eine Bibelgeschichte vorgelesen hatte, knieten wir alle vor dem Sofa und sangen ein Gebet, ein Gedicht von Mary Duncan:

Jesus, tender Shepherd, hear me
Bless Thy little lamb tonight
Through the darkness be Thou near me
Watch my sleep till morning light
All this day Thy hand hath led me
And I thank Thee for Thy care
Thou hast clothed me, warmed and fed me
Listen to my evening prayer
Let my sins be all forgiven
Bless the friends I love so well
Take me when I die to heaven
Happy there with Thee to dwell

Jesus, sanfter Hirte, höre mich
Segne Dein kleines Lamm heut' Nacht
Sei mir nah in der Dunkelheit
Wache über meinem Schlaf bis zum Morgengrauen

Deine Hand führte mich den ganzen Tag
Und für deine Bewahrung danke ich Dir
Du hast mich gekleidet, gewärmt, gespeist
Bitte höre mein Abendgebet

Vergib mir die Sünden
Segne Freunde, die ich liebe
Nimm mich, wenn ich sterbe, auf in deinen Himmel
Gerne werde ich dort bei Dir verweilen

Segne Vati und Mutti und Sharon und Donna und Johnnie und Darlene und alle (was dann später Kenny und irgendwelche Haustiere, die wir gerade hatten, miteinschließen würde!) ... *AMEN*

KAPITEL 5

EINE GRÖSSERE VISION

1948 stattete uns ein ehemaliger Kollege von Vater aus dem Westen Kanadas einen unerwarteten Besuch ab. Dieser Besuch sollte auf dramatische Weise die Richtung und den Verlauf unseres Lebens verändern. Herr Sinclair Whittaker, Vorstandsvorsitzender des Briercrest Bible Institute, hatte vor kurzem an einer Missionreise nach Europa teilgenommen. In der Schweiz hatte er sich mit Dr. Gertrud Wasserzug, der Direktorin der Bibelschule Beatenberg, getroffen. Sie diskutierten über die Möglichkeit, eine ähnliche Schule in Deutschland zu gründen. Im Europa der Nachkriegszeit herrschte große Not, und nach all den schweren Enttäuschungen des Nationalsozialismus, des Atheismus und des Liberalismus hatten die jungen Leute einen tiefgründigen geistlichen Hunger. Aufgrund von Vaters erfolgreichem Dienst in New Brunswick sprachen sie darüber, ob er vielleicht der Richtige sei, um solch eine Schule ins Leben zu rufen.

„John Parschauer kennt die deutsche Sprache. Er hat an drei verschiedenen kanadischen Bibelschulen Erfahrungen gesammelt, und außerdem hat er ein Herz für die Mission", sagte Herr Whittaker. „Vielleicht hat ihn Gott dazu berufen, eine geistliche Ausbildungsstätte für die Jugend Deutschlands zu leiten."

Doktor Wasserzug lud Vater im folgenden Sommer nach Beatenberg ein, damit er bei den Freizeitdiensten helfen und sein Deutsch verbessern konnte. Im August sollte er dann an der Internationalen Konferenz für Weltevangelisation in Beatenberg mit Vertretern aus ganz Europa teilnehmen. „Dies könnte für dich die perfekte Gelegenheit sein, um herauszufinden, ob Gott dir für den Dienst in Deutschland Türen öffnet oder nicht", sagte Herr Whittaker zu Vater.

Das Angebot kam wie ein Blitzschlag. Vater sagte später: „Ich war mit unserer damaligen Situation vollkommen zufrieden. Jedoch hatte ich oft über die Bedeutsamkeit der Weltmission gepredigt und darüber, wie wichtig es sei, für Gottes Führung offen zu sein. Sollte ich da nicht selbst wenigstens über die Möglichkeit nachdenken ins Ausland zu gehen?"

Vater musste auch abwägen, was für Konsequenzen solch eine Veränderung für Mutter und uns Kinder haben würde. Mutter sah die Opfer, die sie erbringen müsste, realistisch. Auch war sie sich der Gefahren bewusst, denen Vater ausgesetzt wäre, wenn er alleine nach Deutschland ginge. Nachdem sie die Situation abgewägt hatte, sicherte sie ihm ihre rückhaltlose Unterstützung zu, falls er das Angebot für den Dienst in Europa im kommenden Sommer annehmen wollte.

Ken Robins, Mark Bredin und der Vorstand der Bibelschule unterstützten ihn gleichermaßen. Obwohl Vaters Fortgehen mehr Verantwortung für die anderen Mitarbeiter des New Brunswick Bible Institute bedeutete, sprachen sich das Kollegium und der Vorstand einstimmig dafür aus, ihn bei seinem Vorhaben zu unterstützen, falls denn Gott ihn tatsächlich nach Deutschland rufen sollte.

Und Gott begann auf wundersame Weise zu handeln. Noch vor Ende Juni hatte Vater genügend Reisegeld, das benötigte Visum sowie einen Frieden im Herzen und in der Seele, dass Gott ihn auf dieser Reise führen und sich um seine täglichen Bedürfnisse in einem vom Krieg zerrissenen Europa kümmern würde. Im Juli 1949 reiste Vater von Hartland in die Stadt Juniper. Von dort aus nahm er den Zug zur Hafenstadt Halifax in Nova Scotia. Er sagte, dass er den ganzen Sommer über an das Lächeln meines sechs Monate alten Bruders John denken musste, dem er zum Abschied einen Kuss gab. Auch der Anblick von Sharon und mir, damals vier und drei Jahre alt, blieb ihm im Gedächtnis, als wir mit Mutter am Bahnhof standen und ihm zuwinkten bis der Zug außer Sichtweite war.

Vater bestieg etwas zögerlich die knapp 275 Meter lange „Acquitania". Auf früheren Reisen hatte Vater bereits festgestellt, dass er nicht unbedingt seetüchtig war; er war häufig seekrank. Doch auf dieser Reise war die See „so ruhig wie ein Gartenteich", und ein alter Schiffsmeister, der diese Route jahrelang fuhr, sagte, er habe das Meer noch nie so still erlebt.

Nachdem er in London an Land gegangen war und einige Zeit in England und Frankreich verbracht hatte, kam Vater schlussendlich bei der Bibelschule Beatenberg in den Schweizer Alpen an. Er war vollkommen überwältigt von der Schönheit der Landschaft: schneebedeckte Berge, tiefe Schluchten, schroffe Klippen, kristallklare Seen und überall Blumen. In der Schule begrüßte man alle neuen Gäste mit wunderschönen Chorälen, die von den Serviererinnen und Schülern zuerst auf Deutsch und dann auf Englisch gesungen wurden. Man betete vor und nach den Mahlzeiten und die Bewirtung war höflich und herzlich.

Vater half bei den Jugend- und Kinderfreizeiten und nahm an der Internationalen Konferenz für Weltevangelisation teil, die vom 6.-13. August im Jahr 1949 stattfand. 300 Delegierte aus 17 verschiedenen Ländern nahmen an dieser Tagung teil. Diese Erfahrung inspirierte Vater, und seine Vision für den Dienst in Europa weitete sich mehr und mehr aus. Nach einem Monat in der Schweiz fuhr Vater mit dem Zug nach Deutschland. Als er Richtung Herdecke unterwegs war und an der Ruhr entlang fuhr, wo er den Großteil seiner Kindheit verbracht hatte, sah er aus nächster Nähe die schreckliche Verwüstung der Bomben, die während des Krieges dort gefallen waren. Das Haus, wo er seine Kindheit verbracht hatte, war zwar schwer beschädigt, stand aber noch. Gegen Ende des Krieges waren viele Einwohner der Stadt verhungert.

Während seiner Zeit in Europa traf er zufällig einen Mann, der behauptete, er kenne den Stiefsohn seines Bruders Henry. Seit Henrys Deportation hatte Vater keine Ahnung, was mit Henry geschehen war. In einen Brief an Vater schrieb Henrys Stiefsohn folgendes:

Über meinen Vater, deinen Bruder, kann ich das Folgende sagen:

Am 11. Dezember 1937 wurde mein Vater von den Russen gefangengenommen, und seit dieser Zeit gibt es keine Spur von ihm. Alle Versuche, seinen Aufenthaltsort ausfindig zu machen, blieben erfolglos. Bis heute weiß ich nicht, ob er noch am Leben ist. Mein Bruder starb am 17. August 1939. 1943 nahmen sie mir meine Mutter und meine drei Schwestern und brachten sie nach [nicht entzifferbar]. Während dieser Zeit wurde ich in die Armee eingezogen. Seitdem habe ich weder meine Mutter, meine Schwestern, meine Frau, die ich 1937 heiratete, noch meine zwei Kinder gesehen. Ich habe sie alle verloren. Ich habe jedoch eine Nachricht aus zweiter Hand von meiner Frau erhalten. Die Nachricht ist auf den August 1945 datiert, und in ihr lässt sie mich wissen, dass sie und die Kinder auf dem Weg nach Sibirien in einem russischen Transporter sind. Wenn man an die Zustände und Bedingungen in solchen Konzentrationslagern denkt, dann ist es äußerst unwahrscheinlich, dass sie noch am Leben sind.

Dieser herzzerreißende Bericht über Familienmitglieder war eine fast schon typische Tragödie, die Vater jeden Tag während seiner Zeit in Deutschland zu hören bekam. In Herford besuchte er ein Flüchtlingslager und hielt im Freien einen kleinen Gottesdienst für Kinder ab. Dort traf er eine südamerikanische Familie, die gerade zu Besuch in Deutschland gewesen war, als der Krieg ausbrach. Ihre drei Söhne wurden zur Armee eingezogen; einer wurde getötet und einer ging irgendwo in Russland verloren. Der dritte Sohn floh zurück nach Südamerika. Die Eltern und ihre zwei Töchter, die ihren gesamten materiellen Besitz verloren hatten, luden Vater in ihr vier Quadratmeter großes Zimmer ein, in dem sie seit zwei Jahren wohnten. Zu essen gab es Makkaroni - kein Brot, Kaffee oder sonst etwas. Voller Demut nahm Vater ihre Gastfreundschaft an - ihre Großzügigkeit rührte ihn zutiefst.

Überall traf er Menschen, die ihren gesamten materiellen Besitz verloren hatten, jedoch für geistliche Dinge offen waren. In Hagen, einer Stadt, die zu 80% von Bomben zerstört wurde, predigte Vater in einem großen Zelt vor 1.100 Menschen. Als er zum wiederholten Mal in einer lutherischen Kirche predigte, bemerkte er, dass sich niemand rührte, obwohl er die 300 anwesenden Zuhörer entlassen hatte! Vater erklärte das Evangelium erneut und lud die Menschen ein, Jesus als ihren Heiland anzunehmen. Alle, die dazu bereit waren, sollten sich mit ihm im Pfarrhaus treffen. Ungefähr zwanzig Erwachsene nahmen an diesem Tag die Einladung an.

Während der ersten fünf Wochen in Deutschland nahm Vater Anteil an der Trauer anderer Menschen wie noch nie zuvor. Einige Menschen hinterließen bei ihm einen unvergesslichen Eindruck: Rosa war eine unglaublich tapfere Diakonisse, die den Kranken und Notleidenden während des Krieges geholfen hatte. Sie sagte: „Ich hatte nicht die geringste Angst, denn ich stand im Schatten Gottes und unter dem Schutz des Allmächtigen." Und dann war da noch die Familie Füssle: Pastor Alfred und seine Frau Martha. Während der schwersten Bombenangriffe kauerten sie zusammen mit ihren vier Kindern in einer Kellerecke. Als die Kinder anfingen zu weinen, betete Alfred und die Familie sang zusammen Lobpreislieder. Plötzlich schlug eine Bombe in ihr Haus ein und zerstörte es. Im Keller türmten sich die Trümmer - überall außer in der Kellerecke, in der die Familie saß.

Der Besuch eines Flüchtlingslagers bewegte Vater zutiefst. Man hatte ihm vorgeschlagen, dort einen Christen zu besuchen, der alles im Krieg verloren hatte - Haus, Besitztümer und seine ganze Familie. Auf dem Weg zu seiner Unterkunft fragte sich Vater, was er in solch einer trostlosen Situation bloß tun oder sagen sollte. Er fand den Mann in einem kleinen, fast kahlen Raum mit Einzelbett und einem kleinen Tisch; auf dem Tisch lag eine abgenutzte Bibel. Bevor Vater etwas sagen konnte, begann jener vom Segen Gottes in seinem Leben zu sprechen. „Herr Parschauer, ich lebe jeden Tag in der Gegenwart Gottes. Der Himmel ist absolut real für mich, und ich spüre die Liebe Christi wie nie zuvor. Sollte Gott mich noch mehr segnen, würde ich platzen!" Als Vater das kleine Zimmer verließ, war er vollkommen überwältigt von der Tiefe des geistlichen Trostes und der Freude, die dieser Notleidende ausstrahlte. Er erzählte uns: „Ich ging in dieses Flüchtlingslager, um einen leidenden Menschen zu ermutigen, doch stattdessen ermutigte und inspirierte er mich."

Der Sommerdienst endete und Vater kehrte nach Kanada zurück. Er war dankbar für alle Erfahrungen, die er in dieser Zeit sammeln konnte. Seine Zeit in Europa hatte ihn verändert. Gott hatte ihm während dieser Zeit erlaubt, anderen zu dienen und viele zu Jesus zu führen. Das Vorhaben, eine Bibelschule zu gründen, schien jedoch zu diesem Zeitpunkt noch sehr unwahrscheinlich wenn nicht sogar vollkommen unmöglich.

Zu Hause angekommen unterrichtete Vater wieder und leitete die Canadian Sunday School Mission. Doch in jenem Winter rief Europa erneut.

Im Sommer 1950 rekrutierte Jugend für Christus International junge Leute für einen Sommereinsatz in Europa, der aus 100 evangelistischen Teams bestehen sollte. Vater gab zu, dass er nicht bereit war, nach so kurzer Zeit erneut nach Europa zurückzukehren. Die harte Realität seines Besuches im vergangenen Sommer war ihm noch frisch im Gedächtnis. Doch Herr Clark bestand darauf. Die jungen Freiwilligen würden die deutsche Sprache nicht kennen und hätten auch sonst keinerlei Missionserfahrung. Vater hatte beides.

Er und Mutter beteten. Mitarbeiter und Freunde schlossen sich ihnen an. Als man das Projekt auf der Frühlingskonferenz mehreren hundert Gästen vorstellte, kam genügend Geld durch Opfergaben zusammen, um einen Missionseinsatz im Sommer zu finanzieren. Vater sah dies als ein eindeutiges Zeichen von Gott. Anscheinend wollte er, dass John erneut nach Deutschland geht.

Zwei Monate später im Sommer 1950 war er mit fast hundert anderen Freiwilligen unterwegs. Jugend für Christus hatte große Zelte für evangelistische Versammlungen aufgestellt, in die sich Abend für Abend hunderte von Menschen drängten, um Vater in seinem etwas holprigen Deutsch predigen zu hören.

Ellis Zehr war zuständig für Musik und arbeitete mit Vater zusammen. Anton Schulte und Wilfried Zibell, die sich als Zeltmeister um die „fremden" Evangelisten kümmerten, halfen bei etlichen Veranstaltungen. (Schulte sollte später zu einem der bekanntesten Evangelisten Deutschlands werden und Zibell war später Billy Grahams Dolmetscher.) Zusammen erlebten die Freunde Unglaubliches.

In Karlsruhe-Durlach wurde das Veranstaltungszelt auf einer offenen Fläche neben Trümmern und ausgebombten Ruinen aufgebaut. Jede Abendveranstaltung war so voll, dass viele Leute draußen vor dem Zelt stehen mussten. An einem Abend folgten 60 Leute der Einladung, nach vorne zu kommen und Jesus als ihren Heiland anzunehmen. An einem anderen Abend waren es 40. Am Nachmittag war das Zelt voller Kinder, die dort ihr eigenes Programm hatten. Eines ihrer Lieder hinterließ bei Vater einen starken Eindruck:

Jesus mein Heiland, Du hast mich lieb.
Die Bibel sagt es und sie trügt nicht.
Wenn hier auf Erden auch alles bricht,
bleibst Du mein Heiland und hast mich lieb.

In jenem Sommer sah Vater das vom Krieg verwüstete Land, die zerstörten Städte und Häuserruinen. Doch er traf auch auf Menschen mit offenen Herzen, die bereit waren Gottes Wort zu hören und mit Freude darauf zu antworten. Es fiel Vater nicht leicht, getrennt von seiner Familie zu sein. Mutter und uns Kindern in Kanada ging es ähnlich. Als ich vier war, verlor ich meine Unbekümmertheit, und Mutter begann sich Sorgen zu machen. Ich wirkte zunehmend apathisch - oft saß ich still im Schaukelstuhl, während Tränen an meinen Wangen herunterliefen. Sie rief den Hausarzt, und er bestätigte ihre Vermutung. Ich war schlicht und ergreifend einsam. Und tatsächlich, als Vater nach Hause kam, wurde ich wieder fröhlicher, und die Welt war wieder in Ordnung.

Ein paar Monate später wollte Vater seine Eltern im 4.800 Kilometer entfernten Saskatchewan besuchen. Meine Eltern wollten eine weitere schmerzliche Trennung vermeiden und beschlossen, dass ich meinen Vater begleiten und mit ihm die Zugfahrt quer über den ganzen Kontinent antreten sollte! (Kinder unter fünf Jahren durften damals umsonst mitfahren.) Ich konnte meine Begeisterung kaum zurückhalten. Mutter bereitete meinen Vater auf die Reise vor und brachte ihm bei, mein feines, glattes Haar zu flechten, die geflochtenen Zöpfe mit Schleifen zu schmücken und neben jedem Ohr eine Strähne anzugelen!

Für mich war diese Reise unvergesslich - nur ich und Vater. Wir schauten zum Fenster hinaus und sahen wie die Landschaft am Fenster vorbeiflog; wir sangen für die Passagiere im Speisewagen und ließen uns vom Rattern des Zuges in den Schlaf wiegen.

Meine Schwester Sharon und ich sangen von klein auf, und Vater begleitete uns auf der Gitarre. Bald sangen wir dann auch in Gemeinden, in denen Vater zum Predigen eingeladen wurde. An einem Sonntagabendgottesdienst drang die Botschaft des Evangeliums, die ich schon so oft in Vaters Predigten gehört hatte, tief in mein Herz ein. Ab und zu legte ich mich während der Predigt auf die vorderste Kirchenbank und schlief dort ein, bis Vater mich sanft weckte, um ein abschließendes Lied zu singen. Nur Kinder können sich so etwas erlauben! An diesem Abend hörte ich jedoch aufmerksam zu. Vater beschrieb Jesu Leiden in Gethsemane und am Kreuz von Golgatha bis ins kleinste Detail. Plötzlich wurde mir klar: „Donna, Jesus hat diese Qualen für dich erlitten. Er starb an deiner statt. Du hättest leiden und für deine Sünden sterben sollen, doch Jesus starb an DEINER Stelle!"

Diese Erkenntnis hatte eine sowohl erschütternde als auch erlösende Wirkung auf mein junges Herz; ich begann zu weinen. Vater blickte zu mir herunter und sah meine Tränen, doch er wusste nicht, was in mir vorging. Er dachte, ich sei übermüdet oder emotional ausgelaugt, und so unterbrach er seine Predigt, stieg von der Kanzel herab und sagte mir, ich solle mich doch auf die Kirchenbank legen und mich etwas ausruhen. Er nahm sein Jacket und deckte mich damit sanft zu. Dann ging er zurück auf die Kanzel und predigte weiter. Ich werde ewiglich dafür dankbar sein, dass ich einen so gütigen irdischen Vater hatte, der mir von meinem liebenden, himmlischen Vater erzählte.

NEUE HERAUSFORDERUNGEN

Die Gebetsversammlung in der First Baptist Church in Downers Grove im Staat Illinois sollte die ganz Nacht hindurch andauern. Ellis Zehr war anwesend. Er hatte damals in Deutschland den Gesang geleitet und war ein enger Freund Vaters. An diesem Abend hörte er einen Bericht über die Gründung einer Bibelschule in Frankreich. Der Redner Noel Lyons,

Direktor der Greater Europe Mission, berichtete, dass seine Organisation auf der Suche nach jemandem sei, der eine ähnliche Gründungsarbeit in Deutschland leisten könne. Als die Gebetsversammlung um Mitternacht in die Pause ging, machten Noel Lyons und Ellis Zehr einen kurzen Spaziergang, um dieses Projekt weiter zu diskutieren. „Ellis, uns steht jetzt ein Gebäude in Deutschland zur Verfügung, was an sich schon ein Wunder ist, aber wir brauchen den richtigen Mann für diese Arbeit", sagte Lyons.

„Ich glaube, ich kenne da den Richtigen", erwiderte Zehr. „John Parschauer."

Wenig später erhielt Vater einen Brief von Lyons, in dem er ihn fragte, ob er sich vorstellen könne, ein solches Projekt in Angriff zu nehmen. Nach mehreren Interviews und viel Gebet lud die Greater Europe Mission unsere Familie nach Deutschland ein, wo Vater eine Bibelschule gründen sollte.

Ein solcher Umzug bedeutete für Mutter und uns Kinder eine gewaltige und schwierige Umstellung. Wir wussten sehr genau, was für Zustände im Nachkriegseuropa herrschten. Vater hatte uns aus erster Hand berichtet, was er dort in den letzten beiden Sommern erlebt hatte. Tausende von Menschen hausten immer noch in unterirdischen Flüchtlingslagern; den Geschäften fehlte es an Lebensmitteln; wirtschaftlich kämpften viele Betriebe ums Überleben; Schulen blieben geschlossen; Züge fuhren nicht, und die Autobahn war vielerorts zerstört; Städte lagen in Trümmern und Lebenshaltungskosten waren sehr hoch.

Mutters Meinung über Deutschland war zum großen Teil von den Horrorberichten der Konzentrationslager geprägt und den dämonischen, wütenden Ansprachen, die Hitler über das Radio verbreitet hatte. Sie musste sich entscheiden: Sollten sie tatsächlich ihr ruhiges, bequemes Leben am Saint John in einem friedlichen Land aufgeben, um ihre Kinder in einem vom Krieg verwüsteten Land großzuziehen? Meine Eltern erfüllte der wachsende Dienst an der Bibelschule. Sie hatten tiefe Freundschaften mit Mitarbeitern und Kollegen aufgebaut. Wir Kinder fühlten uns stark mit anderen Kindern auf dem Campus verbunden. Mein Bruder John veranstaltete mit seinen Freunden oft Fahrrad- und Wagenrennen. Sharon und ich konnten bequem zu Fuß zur Schule laufen. Das kleine Schulhaus war ganz nah am Ende der Straße mit Ahornbäumen auf beiden Seiten, und Darlene war nur zwei Jahre alt. Trotz aller dieser Dinge wussten meine Eltern, dass sie dem Ruf Gottes folgen mussten.

In einem ihrer Tagebücher schrieb Mutter: „So sanft wie der erste Sonnenstrahl der Morgendämmerung in die Dunkelheit der schwärzesten Nacht eindringt, so sanft kam auch Gottes Zuspruch und die Bestätigung seines Willens." Ein Gedicht von George MacDonald war ihr in dieser schwierigen Zeit der Entscheidungen eine Hilfe. Sie hatte einen Vers auswendig gelernt:

> I said, "But the sky is so dark
> There is nothing but noise and din!"
> And He wept as He sent me back,
> "There is more," He said
> "There is sin."
> I pleaded for time to be given.
> He said, "Is it hard to decide?
> It will not seem hard in heaven
> To have followed the steps of your Guide."

> Ich sagte: „Aber der Himmel ist so dunkel
> Nichts außer Krach und Lärm!"
> Und er weinte, als er mich zurückschickte,
> „Da ist noch mehr", sagte er
> „Da ist die Sünde."
> Ich bat um mehr Zeit.
> Er sagte: „Fällt die Entscheidung schwer?
> Im Himmel wird dir die Entscheidung leicht erscheinen
> Dass du Schritt für Schritt deinem Herrn nachgefolgt bist."

Schlussendlich nahmen Vater und Mutter die Herausforderung an, die Gründungsarbeit für eine Bibelschule in Deutschland zu leisten. Sie vereinbarten, noch bis zur Absolvierung im Mai 1954 an der New Brunswick Bibelschule zu bleiben.

Bei der Frühjahrskonferenz im Mai veranstalteten die Bibelschule und die Canadian Sunday School Mission (CSSM) einen Verabschiedungsgottesdienst für unsere Familie. Der Direktor der CSSM, Walter Aikenhead, und Noel Lyons, Direktor der Greater Europe Mission, kamen, und hunderte von Freunden boten finanzielle Unterstützung an und sagten, sie würden für uns beten. Am nächsten Tag ging es los - wir machten eine Gemeindetour quer durch Kanada, um die Vision für Mission in Deutschland mit anderen Christen zu teilen.

Unsere Tour begann im Westen Kanadas, denn wir wollten zuerst Großmutter Matilda besuchen. Sie war schwerkrank, und so fuhren wir geradewegs durch bis Saskatchewan, um sie so bald wie möglich noch zu sehen. Vaters Vater, Großvater Henry, war im Februar verstorben und Großmutter Matilda fragte ständig: „Wann kommt John?" Familienangehörige, die wussten, dass wir unterwegs waren, ermutigten sie und sagten sie solle durchhalten bis John käme. „Du willst doch John sehen, oder?" fragten sie. Großmutter antwortete: „Ja, aber lieber noch würde ich den Herrn Jesus sehen." Sie starb, ein paar Stunden bevor wir eintrafen.

Bei Großmutters Beerdigung sangen Sharon und ich das Gospellied „Where Could I Go but to the Lord" [Wohin sollte ich gehen, außer zu meinem Herrn], ein passendes Lied für eine Frau, die ihr ganzes Leben lang ihre Zuflucht beim Herrn Jesus suchte. Als ich neben dem Sarg meiner Großmutter stand, sah ich, wie die Tränen am Gesicht meines Vaters herunterliefen. Wir sangen ein weiteres Gospellied „Precious Lord, Take My Hand" [Kostbarer Herr, nimm mich bei der Hand]:

Precious Lord, take my hand.
Lead me on, help me stand
I am tired, I am weak, I am worn
Through the storm, through the night
Lead me on to the Light
Take my hand, precious Lord, lead me home.
When my way grows drear,
Precious Lord, linger near
When my life is almost gone
Hear my cry, hear my call
Hold my hand lest I fall
Take my hand, precious Lord, lead me home.

Kostbarer Herr, nimm mich bei der Hand
Führe mich weiter, hilf mir standfest zu sein
Ich bin müde, schwach, erschöpft
Durch den Sturm, durch die Nacht
Führe mich zu Deinem Licht
Nimm mich bei der Hand, kostbarer Herr, bring mich heim
Wenn mein Weg mir trostlos scheint
Kostbarer Herr, sei mir nah
Wenn mein Leben beinah zu Ende ist
Höre mein Weinen, höre mein Rufen
Halte mich bei der Hand, damit ich nicht falle
Nimm mich bei der Hand, kostbarer Herr, bring mich heim

ABSCHIED

Es war eine schier überwältigende Herausforderung, genügend finanzielle Unterstützung für die Reise und für weitere vier Jahre für eine sechsköpfige Familie zu bekommen. Doch Gott machte das Unmögliche möglich. In weniger als sechs Monaten waren wir abreisebereit. Wir zählten die Tage in New Brunswick, bis es losgehen sollte: die letzte Schulandacht, die letzten Mahlzeiten bei unseren Freunden auf dem Campus, die letzten Umarmungen von Bibelschülern und das letzte Abendessen bei „Onkel" Mark und „Tante" Mildred Bredin.

An einem Abend im November war es bereits um 18 Uhr dunkel, als Ken und Ruth Robins uns halfen, den letzten Koffer in unserem Auto zu verstauen. Sie hatten angeboten, uns zu dem 800 Kilometer entfernten Hafen in New York City zu fahren. Vater und Mutter wussten, dass die Bibelschüler alle im Speisesaal waren und dass wir sie ein letztes Mal sehen wollten, bevor wir uns endgültig von ihnen verabschiedeten. Vater und der fünfjährige Johnnie öffneten die Tür und gingen als erste hinein; Mutter, Sharon, Darlene und ich hielten einen Moment inne, um unsere Tränen zurückzuhalten.

Es war schwer, alles, was wir kannten und liebten, zurückzulassen. Unsere Freunde auf dem Campus waren für uns wie Brüder und Schwestern. Wir tobten zusammen im Schnee, sprangen in Haufen von Ahornblättern herum, spielten bei ihnen und bei uns zu Hause und am Ufer des Saint John, wo wir Farnspitzen im Frühling pflückten. Wir gingen jeden Tag mit ihnen zur Schule, stritten und versöhnten uns wieder. Und all dies sollte nun vorbei sein.

Wenn der Abschied uns Kindern schwer fiel, so war es mit Sicherheit noch schwieriger für unsere Eltern. Sie hatten ihr ganzes gemeinsames Leben in New Brunswick verbracht und hier vier gesunde Kinder zur Welt gebracht. Die Schülerschaft an der Bibelschule war von zehn auf 150 angewachsen. Die Schule hatte sich stark verändert; aus einem kleinen, gemieteten Bauernhaus war ein acht Hektar großer Campus entstanden mit neuen Gebäuden und einem Kindercamp am Davidson See, einem der schönsten Seen an der Ostküste. Und auch sie mussten von lieben Freunden Abschied nehmen: Ken und Ruth Robins sowie Mark und Mildred Bredin. Die starke Verbundenheit, die sie zu ihren Freunden und ihrem Dienst empfanden, machte zwar den Abschied schwer, doch sie gab ihnen auch die nötige Kraft für ihre nächste Herausforderung.

KAPITEL 6
DAS GROSSE FAMILIENABENTEUER

Die „SS United States" lag im Hafen von New York. Das Schiff glänzte im Sonnenlicht und war für uns eine imposante Erscheinung. Es hatte eine Länge von etwas über 300 Metern, war gut 30 Meter breit und wog 53.300 Tonnen. Es war das größte und luxuriöseste Schiff, das bis zu diesem Zeitpunkt in Amerika gebaut worden war. Zudem war es auch das schnellste und hatte einen neuen transatlantischen Rekord bei der Jungfernfahrt aufgestellt.

Wir Kinder staunten ehrfurchtsvoll und waren bei dem Gedanken an das bevorstehende Abenteuer außer uns vor Begeisterung. Jedoch verspürten wir auch eine Trauer, wenn wir an all das dachten, was wir zurücklassen mussten. Vater und Mutter blieben um unsertwillen stark, als sie ihre lieben Freunde Ken und Ruth Robins ein letztes Mal umarmten, bevor unsere Familie an Bord ging.

Am 1. Dezember 1954 sahen wir schweigend vom Schiffsdeck zu, wie die Freiheitsstatue langsam aus unserem Blickfeld verschwand. Wir wussten, es würde vier Jahre dauern, bis wir unsere lieben Freunde wiedersehen würden.

Die fünftägige Reise nach Bremerhaven im Norden Deutschlands verlief glatt und war sogar recht angenehm. Wir Kinder liebten den Swimming Pool und all die Aktivitäten an Deck. Und wir hatten noch nie so gut gegessen: Frische Erdbeeren, Steak, Hummer. Solch üppige Speisen waren wir nicht gewohnt, und Darlene, die damals zwei war, hatte besonders schlichte Vorlieben. Egal was für Delikatessen unser Servierer, ein freundlicher Afrikaner namens Samson, ihr anbot, Darlene erwiderte stets „Nein, danke. Kann ich ein paar Cornflakes haben?"

Als wir in Bremerhaven anlegten, begrüßten uns Kurt und Ruth Jung und Reinhold und Helen Barth. (Kurt und Reinhold waren vier Jahre zuvor mit Vater im selben Einsatzteam von Jugend für Christus in Europa gewesen.) Sie fuhren mit uns Richtung Süden nach Bensheim an der Bergstraße und halfen uns, unsere Sachen vorübergehend in eine Villa am Stadtrand zu bringen. Die Villa wurde später das Hauptquartier des deutschen Bibelinstituts.

Es brauchte zu guter Letzt ein Wunder Gottes, um ein Gebäude für die Bibelschule zu finden. - Die Bombenangriffe hatten so viele Gebäude zerstört, dass überall im Lande noch immer eine gewaltige Wohnungskrise herrschte. Die Regierung hatte jedes verfügbare Gebäude konfisziert, um tausenden von heimatlosen Flüchtlingen eine Unterkunft bieten zu können. Bob Evans, Direktor der Greater Europe Mission, hatte monatelang ohne Erfolg nach einer Örtlichkeit gesucht. Im Zug traf Evans eines Tages Paula Brandt, eine ehemalige Missionarin, die in der Türkei gearbeitet und sich nun in der Schweiz zur Ruhe gesetzt hatte. Evans erzählte ihr von der Vision für eine Bibelschule in Deutschland und von der verzweifelten Suche nach einer geeigneten Örtlichkeit.

Es stellte sich heraus, dass Frau Brandt Eigentümerin einer Steinvilla in Bensheim war. Der amerikanische Geheimdienst hatte das Gebäude zuvor genutzt, doch jetzt stand es leer. Die deutsche Regierung konnte das Gebäude auch nicht beschlagnahmen, da Frau Brandts verstorbener Ehemann ein Däne war. Gerne erklärte sie sich bereit, das Haus an die Greater Europe Mission zu vermieten.

Die Villa sollte bald zum Zuhause für unsere Familie und für die ersten Bibelschüler werden. Als wir durch das Eisentor an der Ernst-Ludwig-Straße 29 fuhren, erschien uns das Gebäude wie ein Schloss mit seiner herrlichen Gartenanlage und einem riesigen, runden Steindeck ums Haus. Die Zimmer waren groß und sonnig mit glänzendem Parkettboden und einer Wendeltreppe, die zu den drei Zimmern im Obergeschoss führte, in denen unsere Familie wohnen würde. Möbel gab es jedoch keine. Da wir keine Betten hatten, mussten wir auf Matratzen auf dem Fußboden schlafen. Und es gab keine Heizung. Das Haus stand schon eine Weile leer, und die Heizung weigerte sich hartnäckig Wärme zu spenden. Nachdem wir drei Tage lang alles Mögliche probiert hatten, bekamen wir die Heizung zu guter Letzt doch noch in Gang. Wir waren alle erleichtert, als endlich etwas Wärme ins Haus kam.

Trotz dieser Herausforderungen erinnere ich mich nicht daran, dass sich meine Mutter jemals beschwerte (sie war zu jener Zeit auch noch im siebten Monat mit ihrem fünften Kind schwanger). Sie wusste, dass der Herr zur rechten Zeit Vorsorge treffen würde - und sie sollte Recht behalten. Ein Mann namens Hugo Schneider, den Vater während eines Sommermissionseinsatzes kennengelernt hatte, bot an, ihn in seinem Laster nach Frankfurt mitzunehmen, um dort ein paar Weihnachtsgeschenke einzukaufen. (Wir hatten kein eigenes Auto, da Autos zu dieser Zeit eine Seltenheit und sehr teuer waren.) Mit der Hilfe von Herrn Schneider konnte Vater neue Betten und Matratzen in Frankfurt kaufen, und diese kamen genau zu Weihnachten an. Wir Kinder freuten uns riesig über unsere neuen Betten, doch Mutter und Vater wollten uns noch etwas anderes geben, etwas weniger Funktionales mit größerem Spassfaktor. Und so schickten sie uns auf Schatzsuche (ich spüre heute noch die Begeisterung von damals). Dann fanden wir es: ein brandneuer Roller auf zwei Rädern! Unsere Eltern öffneten die Glastüren und ließen uns über die Parkettböden durch die geräumigen, leeren Zimmer flitzen; es gab keinen Teppich oder Möbel, die uns dabei im Wege waren.

Unser Weihnachtsbaum war gigantisch. Vater kaufte den größten, den er finden konnte, und stellte ihn in die Mitte des Wohnzimmers auf. Wir schmückten den Baum nach deutscher Tradition mit echten Kerzen. Vater erledigte immer den Einkauf für die Familie, zum Teil weil Mutter nicht besonders gut Deutsch sprach und auch, weil es ihm Freude machte Lebensmittel nach Hause zu bringen. Für ihn waren Lebensmittel ein Zeichen für Gottes Fürsorge. Er sah es nie als selbstverständlich an, Lebensmittel zu haben. Oft stellte er seine Einkäufe auf der Küchenzeile zur Schau, damit wir sehen konnten, wie gut Gott für uns sorgte, bevor wir alles in die Schränke räumten. Während der Feiertage sollte Vater die Einkäufe für das Weihnachtsessen erledigen. Mutter gab ihm ihre Einkaufsliste: Truthahn, Preiselbeeren, Süßkartoffeln und Mais. Doch dieses Mal musste sich Vater geschlagen geben. „Ich weiß nicht, ob es an den Leuten hier liegt oder an mir, aber ich konnte nicht viel von deiner Liste finden", sagte er. Mit ihrer typisch flexiblen Einstellung und ihrem positiven Gemüt änderte Mutter prompt das Menü; und Heiligabend aßen wir alle ein köstliches und völlig unamerikanisches Weihnachtsessen. Nachdem wir ein paar Spiele gespielt hatten, gab Vater jedem von uns eine Wunderkerze. Wir standen im Kreis um den Weihnachtsbaum und hielten die Kerzen hoch, während wir Weihnachtslieder sangen. Mein Bruder John meinte, dass dies „das beste Weinachten aller Zeiten" war! Und der Rest der Familie stimmte ihm zu. Später sagten Vater und Mutter, dass sie sich in dieser Zeit regelrecht von dem Frieden, der Gegenwart und der Liebe Gottes und den Gebeten unserer lieben Freunde auf der anderen Seite des Ozeans getragen fühlten. Als sich der Abend dem Ende neigte, versammelten wir uns alle und lasen die Weihnachtsgeschichte aus dem zweiten Kapitel des Lukasevangeliums und beteten. Wir beteten der Reihe nach und als ich dran war, begann ich mit Freude und dankte Gott für alle Segnungen des Tages. Doch dann begann meine Stimme zu zittern und ich schweifte ab: „…und segne die Kinder zu Hause an der Bibelschule". Meine Tränen waren wie das Öffnen eines Schleusentors und bald weinten alle anderen auch.

Wir waren einsam, das ist wahr, aber wir hatten auch viele Erfahrungen in jenem Dezember gesammelt. Und diese neuen Erlebnisse setzten alles ins rechte Verhältnis, denn unsere Probleme erschienen uns vergleichsweise klein. Eine dieser Erfahrungen war der Besuch eines unterirdischen Bunkers in Mannheim, in dem eine große Anzahl von Flüchtlingen lebte. Viele in Mannheim hatten alles im Krieg verloren, und einige lebten seit Kriegsende, also seit neun Jahren, in diesem Bunker. Obwohl wir nur ein paar deutsche Lieder kannten, hatte man Vater, Sharon und mich eingeladen, für sie zu singen, um sie zu ermutigen.

Die lange Betontreppe führte in ein Labyrinth von Gängen, in denen jeweils eine einzige Glühbirne trübes Licht spendete. Von diesen Gängen aus führten in regelmäßigen Abständen Türen zu kleinen, gefängniszellenähnlichen Zimmern aus Beton. Hier unten begann Vater dann seine Gitarre zu spielen, und wir Mädchen sangen:

Es gibt eine Heimat im himmlischen Licht
Bereitet vom Heilande mein
Und wenn Er mich heimruft, so weiß ich gewiss
Ich werde kein Fremdling dort sein.

Die Menschen standen in der Tür mit sorgenvollen, gealterten Gesichtern. Sie hörten zu und waren dankbar für unsere Lieder und für die ermutigenden Worte, die Vater zu ihnen sprach. Dann gingen wir zur nächsten zentralen Halle, von wo aus erneut Gänge wie Speichen an einem Rad in alle Richtungen hinausgingen. Wieder sangen Sharon und ich unsere auswendiggelernten Lieder, und wieder gab Vater sein persönliches Zeugnis und erzählte die Weihnachtsgeschichte und brachte den Menschen dadurch ein wenig Trost. Auf dem Weg zur letzten zentralen Halle hielt der Leiter der Stadtmission inne, um uns zu warnen.

„Die Männer in dieser Halle sind hart, verbittert und aggressiv", mahnte er. „Es kann gut sein, dass sie unser Weihnachtsgeschenk nicht annehmen."

Doch Vater ermutigte uns weiterzugehen; unsere Stimmen hallten in den leeren Gängen: Wir begannen zu singen: „Stille Nacht, heilige Nacht. Alles schläft, einsam wacht . . .", und während wir über „himmlische Ruh'" und „die rettende Stund'" sangen, öffnete sich eine Tür nach der anderen. Die Männer standen wie angewurzelt bei geöffneter Tür und hörten schweigend zu - wir wussten nicht, wie wir diese Stille zu interpretieren hatten. Auf dem Weg zum Ausgang hörten wir Schritte hinter uns. Als wir uns umdrehten, sahen wir eine Gruppe von Männern, die mit ausgestreckten Armen auf uns zueilten. Wir verstanden zwar ihre Worte nicht, doch als sie uns mit Tränen in den Augen Geschenke brachten, waren ihre Absichten klar. Sie gaben uns ein paar Münzen, eine Orange, ein paar Süßigkeiten. Zu Hause in New Brunswick wurden wir bei Musikfestivals oft gelobt und erhielten verschiedene Auszeichnungen, doch alle diese Preise verblassten im Vergleich zu dieser bedeutenden Ehrung. Unsere Lieder hatten Hoffnung in die Dunkelheit gebracht.

VERÄNDERUNGEN

Für uns gab es keine Orientierungskurse, um uns auf ein Leben in einer fremden Kultur vorzubereiten. Doch Gott half uns durch die Nachbarn und Freunde von Frau Brandt. Die Verwalter der Villa, die Kuntzes, hatten vier erwachsene Töchter, die stets bereit waren mitzuhelfen, wo sie konnten. Sie wussten, wie man unsere launische Heizung zum Laufen brachte, und halfen Vater und Mutter beim Ausfüllen deutscher Formulare. Und als später die Bibelschule ihre Toren öffnete, halfen zwei der Schwestern beim Kochen für die erste Konferenz. Zwei von ihnen waren Erzieherinnen und gaben uns Kindern Nachhilfe.

Vater half uns beim Lernen der deutschen Sprache, so gut er konnte; er gab uns jeden Tag ein paar Worte, die wir lernen sollten. Auch brachte er uns die korrekte phonetische Sprechweise von Liedtexten bei. Wir verstanden oft gar nicht, was wir sangen!

Wir lernten jedoch am meisten, als wir die deutsche Schule besuchten. Viele der Schulgebäude waren noch nicht restauriert worden, daher fand der Unterricht abwechselnd in verschiedenen Schulen statt. An einem Tag gingen wir in die „kalte" Schule ohne Heizung, am nächsten in die Schule ohne Tische usw. Auf diese Weise waren die Nachteile auf alle gerecht verteilt. Die deutschen Kinder waren freundlich und bemühten sich, uns Fremden zu helfen. Während der Pause kam ein Mädchen mit einem großen Stock auf mich zu. Ich war vollkommen entsetzt, bis ich verstand, was sie von mir wollte. Sie zeigte auf den Stock und wiederholte: „Stock. Stock. Stock", das war dann mein neues Wort für diesen Tag. Mutter hatte mit kriegsbedingten Ängsten zu kämpfen und sorgte sich sehr um unsere Sicherheit. Unser Bruder John musste sich alle 15 Minuten zu Hause melden, wenn er draußen spielte. Also kam Johnnie alle Viertelstunde ins Haus gelaufen, damit Mutter sich vergewissern konnte, dass alles in Ordnung war, und dann verschwand er wieder für weitere 15 Minuten. Als Vater im Winter unterwegs war, um zu predigen, wohnte unsere englischsprechende Nachbarin Liese Haarhaus bei uns und half Mutter in den letzten Wochen ihrer Schwangerschaft.

Der sechsjährige Johnnie war uns Mädchen zahlenmäßig drei zu eins unterlegen. Er hoffte und betete nun, dass er endlich einen Bruder bekäme. Eines Tages, als sein Glaube zu schwinden begann, beichtete er Mutter unter Tränen: „Ich bin mir sicher, meine Schwestern werden mich auslachen, wenn wir noch ein Mädchen bekommen!" Mutter beruhigte ihn. Jede Nacht betete er: „Bitte mach, dass unser Baby das größte Baby im Krankenhaus ist." Mutter frage ihn, warum er gerade dafür betete, und er sagte: „Damit er schnell aufwächst und wir spielen können." Am Valentinstag im Jahr 1955 wurde Kenny im Krankenhaus von Mannheim geboren. Als die Krankenschwester ihn an Mutter übergab, sagte sie: „Ich habe gerade alle Babys im Säuglingssaal gewogen, und ihres ist das größte im ganzen Krankenhaus!"
Pastor Füssle, dessen Familie auf so wundersame Weise den Luftangriff von 1944 in Freiburg überlebt hatte, lud Vater im März zu einer Reihe von Veranstaltungen in Stuttgart ein. Sharon und ich sangen in jeder der Veranstaltungen, und der Rest der Familie kam am Wochenende hinzu. Es war uns eine besondere Ehre, im Haus der Füssles zu übernachten und dabei ihre Familie besser kennenzulernen. Wir wurden bald enge Freunde; als junge Erwachsene besuchten drei der sechs Füssle Kinder die Bibelschule.
Zwei Monate später hielt Vater eine zweiwöchige Zeltevangelisation mit Jugend für Christus in Duisburg. Helen Barth war die Solistin, und Sharon und ich lernten neue deutsche Lieder, die wir bei den Veranstaltungen singen sollten. Ruth Frey, eine bekannte Kinderreferentin, hielt am Nachmittag ein Kinderprogramm, und viele dieser Kinder nahmen Jesus als ihren Heiland an. Einige der Kinder besuchten später als Erwachsene die Bibelschule.
Während unserer Zeit in Duisburg wohnten wir bei Wilhelm Schrooten und seiner Familie. Als wir dort waren, fragte Mutter, was es mit einem Bild, das einen kleinen Jungen am Klavier zeigte, auf sich hatte. Frau Schrooten erzählte uns die unglaublichste Geschichte. Das Kind war ihr ältester Sohn, der im Alter von vier an Leukämie verstarb. Bei dem Jungen wurde diese schlimme Krankheit diagnostiziert, als sein Vater noch

als Soldat im Krieg diente. Daher wusste er nichts von der Krankheit seines Kindes und sollte auch in nächster Zeit keine Freistellung vom Dienst bekommen. Während der nächtlichen Luftangriffe nahm Frau Schrooten den Jungen auf den Arm und eilte mit ihm in den überfüllten, feuchten Bombenbunker. Eines Abends war der Kleine beinahe im Delirium und rief ständig nach seinem Vater. Da hörte ein sanftmütiger Vater im Himmel sein Schreien, und in jener Nacht betrat Herr Schrooten ohne Voranmeldung ganz überraschend das Haus. Er hatte vollkommen unerwartet eine Freistellung erhalten und traf noch genau zur rechten Zeit ein, um seinen Sohn in den Armen zu halten, bevor dieser verstarb.

Aufgrund der großzügigen Gastfreundschaft von Familien wie den Füssles und Schrootens fühlten wir uns in diesem vom Krieg zerrissenen Land bald akzeptiert und zu Hause. Unsere Ängste und Vorurteile gegenüber den „Germans" schwanden bald, und wir bauten beständige Freundschaften mit den Menschen dort auf. Viele hatten tiefe Trauer und unsagbares Leid erlebt, doch Gott trug sie durch, und ihr Glaube und ihre Barmherzigkeit berührten uns zutiefst.

KAPITEL 7
DIE BIBELSCHULE IN DEUTSCHLAND WÄCHST UND WÄCHST

Gott begann Schüler zur Bibelschule zu führen und stellte auch ein Mitarbeiterteam zusammen, das mit vereinten Herzen auf ein gemeinsames Ziel hinarbeiten konnte. Ernie Klassen trat als erster diesem Team bei. Er hatte zuvor am New Brunswick Bible Institute als Evangelist gearbeitet. Ernie wuchs auf einem Bauernhof in der Prärie Saskatchewans auf und hatte strenge deutsch-mennonitische Eltern. Als Teenager interessierte sich Ernie wenig für geistliche Dinge, bis ihm ein Freund an einem Sonntag eine tragische Nachricht überbrachte. Ernies älterer Bruder Dave war ertrunken, als er Rinder durch einen Fluss mit Hochwasser führen wollte. Auf sehr konkrete Weise konfrontierte dieser plötzliche Verlust den jungen Ernie mit existentiellen Fragen über die Kürze und den gottgegebenen Sinn des Lebens. Ernie übergab sein Leben dem Herrn und besuchte das Millar Memorial Bible Institute in Pambrum, dieselbe Schule, die Vater zuvor abgeschlossen hatte.

In seinem Dienst bei der Royal Canadian Air Force war Ernie unmittelbar nach dem Krieg nach Deutschland geschickt worden, wo er als Militärdolmetscher diente. Während dieser Zeit entwickelten sich viele persönliche Beziehungen. 1950 unterrichtete er am New Brunswick Bible Institute. Als Vater in jenem Sommer von seiner Missionsreise nach Hause kam und von der geistlichen Not in Deutschland berichtete, spürte Ernie den Ruf Gottes in seinem Herzen. Im Jahr 1955 kamen Ernie, seine Frau Erma und ihre drei Kinder nach Deutschland, um bei der Arbeit der Bibelschule zu helfen.

Als sie ankamen, waren die Vorbereitungen für das erste Schuljahr, das im Herbst beginnen sollte, bereits in vollem Gange. In einem Brief an Freunde in Chicago schrieb Vater:

Es muss noch so viel geschehen, bevor das Schuljahr beginnen kann. Wir benötigten dringend eine Sekretärin, denn die Büroarbeit erdrückt uns geradezu! Der Obstgarten auf unserem Grundstück braucht auch viel Pflege, und wir benötigten einen Gärtner, der sich darum kümmern kann. Der Herr half uns mit diesen drückenden Nöten und schickte uns einen Laiengärtner für zwei Wochen. Maureen kochte 80 Liter Kirschen und 20 Liter Erdbeeren ein. Und es gab noch mehr Früchte, die gepflückt werden mussten! Im vergangenen Monat hatten wir 73 Gäste, die bei uns übernachteten, und wir servierten 450 Mahlzeiten zusätzlich zu den Mahlzeiten, die wir für unsere Familien zubereiteten! Alle Gäste hatten ein starkes Interesse an der Bibelschule.

Der in der Schweiz geborene, hochbegabte Bibellehrer Heinz Weber schloss sich als Theologielehrer dem Kollegium an. Heinz wuchs bei einer frommen Tante auf und entschied sich im Alter von 16, Christus als seinen Heiland anzunehmen. Doch für die nächsten fünf oder sechs Jahre widersetzte er sich der Berufung Gottes. Er wollte die Genüsse der Welt auskosten und sein eigenes Leben leben. In dieser Zeit nahm er seiner Tante ihre Gebete und Ratschläge übel, doch Gott kämpfte weiterhin um sein Herz. Als Heinz schlussendlich seinen Widerstand aufgab, wechselte er von der Universität zur Bibelschule Beatenberg, wo er sowohl akademisch als auch geistlich eine vorzügliche Ausbildung erhielt. Nach der Absolvierung plante er, als Missionar nach Afrika zu gehen, doch gesundheitliche Gründe hielten ihn davon ab. Und so ging er nach Bensheim, wo er andere für den Dienst in Deutschland und überall auf der Welt ausbildete und darin seine Erfüllung fand. Er und Vater wurden enge Freunde, die sich gegenseitig sehr achteten.

Die erste Bibelschulklasse bestand aus 13 jungen Schülerinnen und Schülern. Bei der Eröffnungskonferenz am 7. Oktober 1955 sprach Dr. Carl Armerding vom Wheaton College in den USA. Im folgenden Schuljahr schrieben sich 28 Schüler ein; im dritten waren es 54. Während der Sommermonate nahmen die Mitarbeiter und Schüler an evangelistischen Veranstaltungen und Freizeiten teil. Die Freizeiten fanden in der Bibelschulvilla statt. 41 Kinder besuchten die erste Freizeit, und danach folgte ein zehntägiges Teenie-Camp. Die dritte Freizeit bestand aus deutschen Jugendlichen, die zudem auch Englischkenntnisse besaßen. Eine große Anzahl der Besucher hörte das Evangelium zum ersten Mal, und viele von ihnen nahmen Christus an und gaben dann am Abschlussabend ihr Zeugnis.

Barbara MacLeod war eine weitere wundervolle Ergänzung für das Team. Zuvor hatte sie in Nova Scotia in Kanada als Grundschullehrerin unterrichtet. Sie war eine Absolventin des New Brunswick Bible Institute, wo wir sie kennen und schätzen lernten. Vater und Mutter luden sie ein, nach Deutschland zu kommen, um uns und andere Mitarbeiterkinder zu unterrichten. Ich hatte meinen eigenen Einladungsbrief in schlechter Handschrift hinzugefügt und war mir sicher, dass es schlussendlich meine Bitte war, die Barbara oder „Tante Barb", wie wir sie nannten, überzeugte, nach Deutschland zu kommen. Tante Barb war für uns weit mehr als nur Lehrerin. Ich erinnere mich daran, wie ich mich neben ihr auf dem Sofa einkuschelte, während sie mir die wundervollen Geschichten von „Winnie Puuh", „Anne auf Green Gables" und andere Kinderklassiker vorlas. Tante Barb war stets für eine Pyjamaparty oder ein Teekränzchen zu haben; auch machte sie Karamellbonbons oder ihren berühmten Zitronenpudding für uns. Geburtstage vergaß sie nie und ihre Großzügigkeit war allgemein bekannt. Als wir später alle fließendes Deutsch sprachen und die deutsche Schule besuchen durften, machte man Barbara zur Internatsleiterin für Bibelschülerinnen. Sie heiratete nie, doch als Mentorin kümmerte sie sich um unzählige junge Menschen. Ein berühmtes Zitat von ihr erklärte warum: „Ich habe noch keinen Mann getroffen, der es verdiente, so glücklich zu sein, wie ich ihn hätte machen können!" Sie verbrachte ihr Leben damit, sich um Gottes geistliche Kinder zu kümmern, die man ihr an vielen Orten auf der ganzen Welt anvertraute. Nach zwei Jahren war die Bibelschule zu groß für die Villa. Ein heruntergekommenes Hotel in der Nähe - Hotel Weigold in Auerbach - wurde als zusätzliches Klassenzimmer angemietet. Seit drei Jahren hatte es leer gestanden und musste nun dringend geputzt werden. Die Schmutzschichten waren so dick, dass der Parkettfußboden nicht zu sehen war. Jeden Morgen machten die Schüler einen halbstündigen Spaziergang von ihrem Wohnheim in der alten Villa in Bensheim zu ihrem Klassenzimmer im Hotel. Dem Leitungsteam war klar, dass sie für ein weiteres Gebäude beten mussten.

Gott traf erneut Vorsorge. Ein paar Kilometer entfernt in Seeheim gab es ein altes, unbewohntes Schloss mit einem herrlichen Gartengelände. Es stand für 100.000 D-Mark zum Verkauf. Die ohnehin schon finanziell überstrapazierte Bibelschule hatte keine Reservekasse, auf die sie zurückgreifen konnte . . . sie hatte nur Gott. Innerhalb weniger Monate spendeten Unterstützer auf beiden Seiten des Ozeans die benötigte Summe! Der neue Campus wurde bei der Frühjahrskonferenz im Mai 1958 eingeweiht. 1.000 Menschen versammelten sich auf der Wiese, um bei der Absolvierungsfeier der ersten Bibelschulabsolventen dabei zu sein. Alle Schüler dieses Jahrgangs gingen später in den Vollzeitdienst, einige blieben als Gemeinde- und übergemeindliche Mitarbeiter in Deutschland und andere arbeiteten als Missionare in anderen Ländern. Die Bibelschule hatte zu diesem Zeitpunkt 70 Schüler. Gott wirkte auf mächtige Weise und bildete ergebene Diener für die Arbeit an seinem Reich aus. Jahre später beschrieb einer der Absolventen, der Evangelist Willi Buchwald, den Einfluss, den die Bibelschullehrer auf sein Leben und seinen 35-jährigen Dienst gehabt hatten. Über Vater sagte er:

> Bruder Parschauer und seine Familie lebten mit uns Studenten in der „Brandt" Villa. Wir waren trotz der strengen Regeln, die wir aber auch nötig hatten, ein sehr glücklicher Haufen! Mit seinem Humor trug Herr Parschauer stark zu dieser guten Atmosphäre bei. Aufgrund seiner vorgelebten Liebe und Hingabe war er für uns nicht nur Direktor, sondern auch eine Vaterfigur. Seine Ernsthaftigkeit in Bezug auf das Wort Gottes und sein persönliches Zeugnis hinterließen bei mir einen tiefen Eindruck.

Der Dienst ging für Vater und Mutter oft über die Grenzen der Bibelschule hinaus. Bensheim war nur eine 20-minütige Autofahrt von dem Benjamin-Franklin-Dorf entfernt, einem amerikanischen Armeestützpunkt in der Nähe von Darmstadt. Vater und Mutter entwickelten bald Beziehungen zu einigen Leuten dort, und nach nicht allzulanger Zeit bat man sie, den Kindergottesdienst in der Kapelle auf dem Stützpunkt zu leiten. Als sie dort mit ihrem Dienst begannen, besuchten 35 Kinder den Gottesdienst. Nach kurzer Zeit stieg die Besucherzahl auf knapp 200. Der

Gottesdienst für die Kinder fand im Saal in dem unteren Geschoss der Kirche statt und der Gottesdienst für Erwachsene eine Etage höher. Zu Beginn des Kindergottesdienstes war es immer schwierig, die Aufmerksamkeit einer solch großen Gruppe auf sich zu ziehen, doch Vater hatte eine Idee. Er nahm eine Nadel aus seiner Jacke und sagte den Kindern, sie sollten genau hinhören, ob sie das Fallen der Nadel hören könnten. Augenblicklich kehre eine absolute Stille ein, und alle versuchten voller Anspannung, das klitzekleine Geräusch zu hören. Jeden Sonntag hielt Vater zu Beginn des Gottesdienstes eine Nadel hoch! Vater und Mutter waren beide fesselnde Geschichtenerzähler und arbeiteten mit einer Flanelltafel und anderen kreativen Gegenständen, um biblische Wahrheiten zu vermitteln. Wir Kinder halfen mit der Musik. Einige Kinder nahmen Jesus als ihren Heiland an. Viele kontaktierten Vater und Mutter erst etliche Jahre später, um ihnen für ihre Arbeit zu danken . . . und alle erinnerten sich an „das Fallen der Stecknadel"!

Aus diesen Jahren in Europa erinnere ich mich noch ganz besonders an ein Erlebnis außerhalb der Bibelschule. Im Jahr 1958 sollte eine kanadische Kriegsgedenkstätte in Holland eingeweiht werden. Man bat Vater und Mutter stellvertretend für die Eltern von Charles Fuller, einem jungen Mann, der im zweiten Weltkrieg gefallen war, an der Veranstaltung teilzunehmen. Charles hatte eine besondere Beziehung zu Vater gehabt. Mutter schrieb einen bewegenden Bericht über diesen Tag:

UNSER BESUCH DER KANADISCHEN KRIEGSGEDENK-STÄTTE IN HOLLAND

Als wir am Morgen des zweiten Juni aufwachten, hatten die ersten Strahlen der Morgendämmerung bereits einen rosafarbenen Glanz auf den sommerlichen Himmel geworfen. Der Tag schien etwas Schönes für uns bereitzuhalten. Wir freuten uns, denn dies war der Tag, an dem die kanadische Kriegsgedenkstätte in Groesbeek in Holland eröffnet werden sollte. Wir standen eine Weile regungslos und bestaunten die klaren Farbtöne, die in der lautlosen Morgendämmerung glänzten und dachten freudigen Herzens an den Vers: „Dies ist der Tag, den der HERR macht".

Die Fahrt dauerte mehrere Stunden und war wirklich herrlich. In dieser Jahreszeit ist Europa am schönsten. Die vielen Schattierungen des Frühlingsgrüns bildeten einen üppigen Hintergrund für die wunderschönen blühenden Büsche und Bäume.

Wir hielten im kleinen Dorf Groesbeek und fragten einen älteren Herrn, der gerade die Straße überquerte, ob er uns sagen könne, wo der Friedhof sei. Die Erwähnung der kanadischen Kriegsgedenkstätte veranlasste ihn dazu, ehrfurchtsvoll seinen Hut abzunehmen, bevor er uns in die richtige Richtung wies. Als wir über den Hügel kamen, sahen wir die kanadische Flagge hoch über der Anhöhe des Friedhofs im Wind wehen. Unsere Flagge erschien uns an diesem Tag als etwas wirklich Gutes! Holländische Schulkinder und hunderte von Holländern, die unsere kanadischen Soldaten in hohen Ehren hielten, standen an den Straßenseiten. Die Menschenschlange erstreckte sich über mehr als anderthalb Kilometer.

Als wir den Bereich betraten, der für Eltern von gefallenen Soldaten reserviert war, las ich die Inschrift, die in den Fries über den Säulen eingraviert war: „Wir leben weiter in den Herzen der Freunde, für die wir starben."

Ich dachte nicht nur an meine Lieben auf der anderen Seite des Atlantiks, sondern auch an den älteren Herrn, der ehrfurchtsvoll seinen Hut gezogen hatte, an die holländischen Kinder entlang der Straße mit ihren Eltern und Freunden. Ja, sie lebten auch in ihren Herzen weiter.

Ungefähr 800 Menschen hatten sich in diesem „Eltern"-Bereich versammelt. Um sie herum stand eine Ehrenwache des kanadischen, britischen und holländischen Militärs. Die Royal Canadian Corps of Signals [Fernmeldetruppe des kanadischen Militärs] spielte eine Auswahl passender Musik. Wir fühlten uns geehrt, dass wir A.C. Fuller von Earl Grey aus Saskatchewan repräsentieren durften, dessen Sohn Charles in Groesbeek seine letzte Ruhe fand. Charlie war einer der Schüler, die John vor Kriegsbeginn am Briercrest Bible Institute in Saskatchewan unterrichtet hatte. Sein Leben war von Integrität und einer starken geistlichen Hingabe geprägt. Als man John bat, bei evangelistischen Veranstaltungen zu singen, hatte er ab und zu Charlies Gitarre ausgeliehen. Nachdem John 1914 wegzog, um in New Brunswick zu arbeiten, war er überrascht, als er eines Tages ein Paket von Charlie erhielt. Das Paket enthielt Charlies Gitarre und eine kurze Nachricht: „Ich bin der Armee beigetreten und gehe als Soldat nach Übersee. Daher schicke ich dir meine Gitarre. Es kann gut sein, dass ich sie nicht mehr brauchen werde. Spiele die Gitarre zur Ehre Gottes . . ."

Dann fuhren die königlichen Limousinen vor. Als der Herzog von Gloucester und der Prinz der Niederlande eintrafen, spielte man die britische und die holländische Nationalhymne. Sie erhielten einen königlichen Salut. Wir fanden es passend, dass Prinz Bernard anwesend war, da seine Frau (die jetzige Königin der Niederlande) und seine drei Töchter während des Krieges in Kanada Zuflucht gefunden hatten. Sie lebten dort als Gäste von Alice, der Tante von Königin Julianna, und ihrem Mann, dem damaligen Generalgouverneur und Grafen von Athlone.

Es war beeindruckend zu hören, wie die vielen Stimmen beim Singen des beliebten Kirchenlieds „O God Our Help in Ages Past" [O Gott, unsere Hilfe seit eh und je] zusammenschmolzen . . . manche sangen auf Holländisch andere auf Englisch. Der Herzog von Gloucester hielt eine einfühlsame und mitfühlende Ansprache . . . eine ehrenvolle Würdigung aller, in deren Gedenken wir uns versammelt hatten. Dann wurde die eigentliche Gedenkstätte enthüllt.

Ein rothaariger Junge mit Sommersprossen stand neben mir. Er war vielleicht 12, 14 Jahre alt. Tapfer versuchte er seine Mutter zu trösten, als sie sich vor dem Grabstein seines Vaters verbeugten. Der Grabstein trug die Inschrift: „Für die Welt ein Soldat, für uns die Welt".

Nach der Zeremonie suchten wir Charlies Grab auf. Dort nahm John seine Gitarre hervor und begleitete Sharon und Donna bei einem kurzen Kanon, den sie zu Charlies und Gottes Ehren sangen:

Just a little longer and the trump of God shall sound
Just a little longer and we'll all be glory bound
Look away to heaven, your redemption draweth nigh
Just a little longer and we'll meet Him in the sky.
Nur ein wenig länger bis die Trompete des Herrn erschallt
Nur ein wenig länger bis wir alle bei Gott in Seiner Herrlichkeit sind
Schau auf zum Himmel, deine Erlösung naht
Nur ein wenig länger und wir treffen Ihn in den Wolken

Wir waren mit die Letzten, die an diesem Tag die Gedenkstätte in Groesbeek verließen. Als wir uns umdrehten, um zu gehen, sahen wir, wie eine liebliche Feldlerche zwischen den Grabsteinen zum Himmel aufstieg und sich singend in die Höhe schwang. Dies ließ mich an das Gedicht „Ode an die Lerche" von Shelley denken. An diesem Tag sah und hörte ich zum ersten Mal eine Lerche. Es schien angemessen, dass das wunderschöne Lied dieses himmlischen Barden unseren Besuch der Gedenkstätte an diesem Tag beendete. Obwohl geliebte Menschen nun nicht mehr bei uns waren, verweilte dieser Sänger Gottes, dessen Gesang wie eine Segnung vom Himmel auf diesen heiligen Ort niederging.
„An jedem Morgen und bei jedem Sonnenuntergang werden wir uns an sie erinnern."

Maureen Parschauer, Juni 1958

UND WIEDER UNTERWEGS: HEIMATAUFENTHALT 1958

Inzwischen waren vier Jahre vergangen, und es war Zeit für unseren Heimataufenthalt in Kanada. Auf der Schiffsfahrt wurde der dreijährige Kenny hin und wieder seekrank. Er beschwerte sich und sagte: „Dieses alte Haus geht ständig auf und ab!"

Früh am Morgen erreichten wir den Hafen von New York. Mutter weckte uns in aller Frühe, damit wir einen Blick der noch in Nebel eingehüllten Freiheitsstatue erhaschen konnten. Ein bewegender Anblick! Nach einer wundervollen Wiedervereinigung mit unseren alten Freunden in New Brunswick, reisten wir den Sommer über im Kombiwagen mit fünf Meter langem Anhänger quer durchs Land. Wir besuchten Freunde, Familie und Gemeinden, die uns unterstützten. Fast jeden Abend nahmen wir an einem Gottesdienst teil, in dem Vater einen Bericht gab und Diabilder zeigte; Sharon und ich sangen.

Mutter und Vater versuchten diese Reisen so interessant wie möglich für uns zu machen, und wir hielten ab und zu bei schönen oder interessanten Sehenswürdigkeiten an. Manchmal hielten wir auch an, um Verstecken zu spielen, oder wir liehen haufenweise Bücher aus, die wir dann unterwegs lasen. Wir machten auch unterwegs Picknicks und halfen Mutter, das Essen im Anhänger vorzubereiten. Einmal trafen wir einen Lebensmittelhändler in einer Gemeinde, der uns einen Karton mit „leicht beschädigten" Konserven gab. Einige davon hatten keine Aufschrift mehr. Mutter öffnete eine unbeschriftete Dose und fand etwas . . . etwas Undefinierbares. „Das muss wohl die Rinderpastete sein, von der mir der Lebensmittelhändler erzählt hat", vermutete sie. Es sah etwas trocken aus und so mischte sie es der Suppe bei. Sie gab einen Schlag Senf in jede Schüssel, damit es etwas appetitlicher aussah. Man hatte uns Kindern stets beigebracht, sich nicht über das Essen zu beschweren, doch Vater war bald klar, dass wir dieses Essen nur mit Mühe herunterbekommen würden. Mein Vater, der sonst alles, was man ihm vorsetzte, aß, ohne sich zu beschweren, tauchte seinen Löffel in diese „Rinderpastete", und schoss sie ins nächstliegende Gebüsch! Vergnügt und ungehemmt folgten wir fünf seinem Beispiel und feuerten Rinderpastetengeschosse in die Hecke. Als Mutter von der Tür aus sah, was hier vor sich ging, sagten wir unbekümmert: „Vati hat damit angefangen!" Es war das erste und letzte Mal, dass sie uns Rinderpastete servierte. Später stellte sich heraus, dass es in Wirklichkeit Hundefutter war!

Vater erheiterte die Gastgeberfamilien immer mit seinem Sinn für Humor. Er schnipste mit den Fingern und machte beim Berühren von Kindernasen einen Hupton. Nach dem Essen machte er der Gastgeberin ein Kompliment und bedankte sich für das „malicious deal"! [Englisches Wortspiel, „malicious deal" an Stelle von „delicious meal"] Wir kicherten über seine Witze, die wir schon hundertmal zuvor gehört hatten und fanden es klasse, dass unser Vater ein so witziger Kerl war, der sich selbst nicht allzu ernst nahm.

KAPITEL 8

GOTTES WEG NACH OBEN FÜHRT NACH UNTEN

Wir kehrten im Juli des nächsten Jahres 1959 nach Deutschland zurück. Während unseres „Heimaturlaubs" in den USA, hatte es eine Auseinandersetzung zwischen den neueingestellten Lehrern der Greater Europe Mission und dem ursprünglichen Missionsteam gegeben. Man stritt über die Richtung und das Ziel der Bibelschule. Greater Europe Mission wollte, dass sich die Schule mehr in Richtung eines akkreditierten theologischen Seminars entwickelt und hauptsächlich Pastoren ausbildet, die dann in Deutschland arbeiten. Ernie Klassen und Heinz Weber teilten Vaters Vision und wollten, dass der Fokus der Schule auf Mission liegt. Nun schien es, als würde diese missionarische Ausrichtung, die Vater so sehr am Herzen lag, ins Wanken geraten. Anstatt sich gegen die neue Richtung der Schule zu sträuben, beschlossen die drei Leiter, die Schule zu verlassen, und Vater trat auch von der Greater Europe Mission zurück. Diese Entscheidung muss Vater großen Kummer bereitet haben. Es muss sich für ihn wie eine Art Sterben angefühlt haben. Ich erinnere mich jedoch nicht daran, dass Vater jemals mit Verbitterung darüber sprach oder dass dies die Atmosphäre in unserem Hause vergiftete. Manche der Schüler drängten Vater dazu, nochmal von vorne zu beginnen . . . und die Gründungsarbeit für eine weitere Schule zu leisten; eine Schule die sich konsequent an die ursprüngliche Vision für Mission hielt. War dies jedoch die richtige Entscheidung? Würde es reaktionär erscheinen oder einen Wettstreit mit der anderen Schule heraufbeschwören? Gab es genügend Platz für eine weitere Bibelschule in Deutschland? Nach viel Gebet und langen Gesprächen mit deutschen Gemeindeleitern fühlte sich Vater darin bestärkt, in Verbindung mit der in Kanada neugegründeten German Missionary Fellowship, eine weitere Schule ins Leben zu rufen. Um Missverständnisse zu vermeiden, nahmen die drei Lehrer beim Verlassen der Schule keine materiellen oder finanziellen Güter mit sich. Sie besaßen lediglich ihren schlichten Glauben an einen Gott, der sie führen und versorgen würde. Die Bibelschule in Seeheim entwickelte sich weiter. Seit 2009 in Ostfildern bei Stuttgart genießt das BibelSeminar Königsfeld den Ruf einer anerkannten, bibeltreuen Ausbildungsstätte. Auch haben beide Schulen heute eine ungetrübte Beziehung zueinander.

FÜR WUNDER BETEN

Es wurden Pläne geschmiedet, noch im Herbst des Jahres 1959 eine neue Schule zu eröffnen. Ernie und Heinz hatten bereits eine Örtlichkeit im Sinn; eine ehemalige Privatschule, die der Stadt Hennef gehörte. Sie benötigten lediglich die Erlaubnis des Stadtrates von Hennef, um das Anwesen zu pachten. Als der Stadtrat im August zusammenkam und ihnen erklärt wurde, wofür das Grundstück benutzt werden würde, war ihre Antwort „Nein".

Vater hatte den Eröffnungstag für die neue Bibelschule auf den 1. Oktober 1959 festgelegt, doch die Suche nach einem Haus wurde zunehmend aussichtsloser. Grundstücksmakler und Anwälte machten sich über die Unmöglichkeit seines Vorhabens lustig. „Sie wollen also in weniger als einem Monat eine Örtlichkeit finden, an der man 30 Schüler unterbringen kann?" fragten sie. „Allein die Papierarbeit wird länger als das dauern. In den USA ginge das vielleicht so schnell, aber nicht hier in Deutschland!" Es hatten sich aber bereits 30 Schüler für das Semester angemeldet. Vater schickte ihnen einen Brief und versicherte ihnen und ihren Familien, dass sie bald erfahren würden, wo sich die Schule befand.

Am 1. September fuhr Vater durch Duisburg und entschied sich, dort Frau Schrooten zu besuchen, die 1950 bei einer Zeltevangelisation zum Glauben gekommen war, bei der Vater damals während seines Sommerdienstes mit Jugend für Christus gepredigt hatte. Nun erzählte er Frau Schrooten von seiner Not und seiner verzweifelten Suche nach einem Gebäude für die Bibelschule.

„Letzte Woche habe ich meine Schwester in Kalkar besucht. Sie hatte mir gesagt, dass es in der Nähe von Kalkar ein leerstehendes Hotel bzw. eine Villa mit 32 Zimmern gäbe", berichtete Frau Schrooten. Kalkar war ungefähr eine Autofahrtsstunde entfernt. Die Stadt liegt im Nordwesten Deutschlands in der Nähe der holländischen Grenze. Vater, Ernie und Heinz brachen sofort auf, um sich die „Haus Horst"-Villa näher anzusehen. Im Schatten der Bäume fuhren sie eine lange Allee entlang und kamen schließlich an ein großes, eisernes Tor. Der Weg durchs Tor führte zu einer großzügigen Villa, die von einem Graben umgeben war.

Der Besitzer, Herr Eikhoff, war gerade zufällig zugegen, als die Männer in der kreisförmigen Auffahrt vorfuhren. Er war bereit, ihnen das Anwesen für drei Jahre zu verpachten unter der Bedingung, dass sie die Pacht für ein Jahr im Voraus bezahlten. Die vorherigen Bewohner hatten ihn um die Miete geprellt, und Herr Eikhoff war fest entschlossen, diesmal sein Geld zu bekommen. Die jährliche Miete von 12.000 DM schien astronomisch hoch. Trotz dieses Preisschocks sagte Vater, dass er und sein Team darüber beten und Herrn Eikhoff die Antwort so bald wie möglich mitteilen würden. Die Örtlichkeit war ideal, doch so viel Geld aufzutreiben schien beinahe unmöglich. Vater und seine Kollegen beteten und vertrauten auf ein Wunder Gottes.

Innerhalb einer Woche kam ein Brief von dem Vater einer künftigen Schülerin. Herr Willnats Tochter hatte bei einer von Vaters Veranstaltungen in Duisburg Christus als ihren Heiland angenommen. Sie wollte nun die Bibelschule besuchen. Aus Dankbarkeit hatten Herr und Frau Willnat einen Scheck in Höhe von 7.500 DM beigefügt. Dies war zu diesem Zeitpunkt die größte Spende, die jemals für den Dienst der Bibelschule eingegangen war. Bald darauf hatten sie die komplette Summe für die erste Jahresmiete zusammen, und alle, die dafür gebetet hatten, priesen Gott für seine unglaubliche Vorsorge, indem sie ihre Sachen packten und nach Kalkar aufbrachen.

Vater in seinen frühen Dienstjahren

Mutter bei ihrer Absolvierung in Toronto

Vater, sein Bruder Willi und seine
Schwester Tina

Vater, jung und stattlich

Vater und sein bester Freund Ken
Robins

10. Mai 1944

Willi, Tina und Vater

Frischvermählt

Von links nach rechts: Donna, Vater, Johnnie, Mutter und Sharon

Winter in New Brunswick. Mutter nähte unsere Kleidung selbst.

Gelände des New Brunswick Bible Institute

Bibelschule in Bensheim. In der zweiten Etage war unsere Wohnung.

Sharon und ich bei einem der vielen Dienste mit Papa

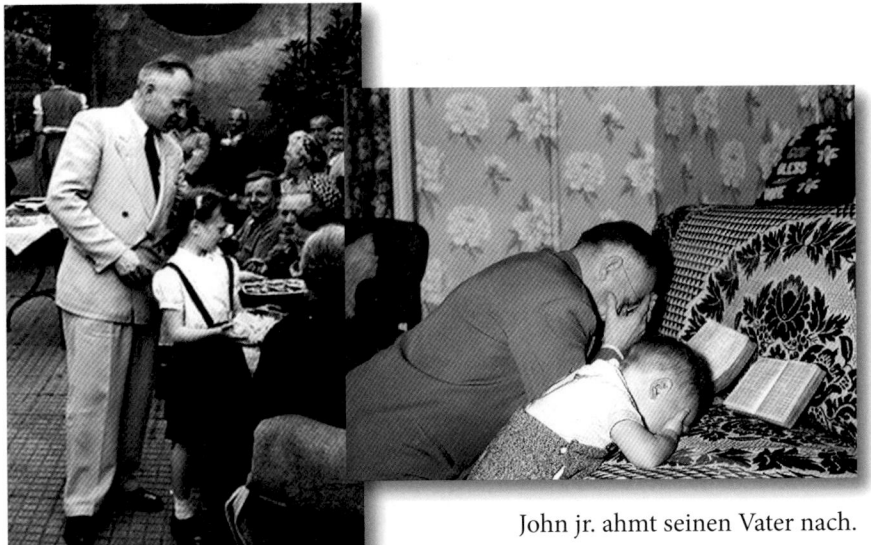

John jr. ahmt seinen Vater nach.

Vater hilft mir beim Bedienen eiiger Bibelschulgäste in Bensheim

Unsere Familie 1955 *von links nach rechts:* Darlene, Vater , Sharon, Mutter (mit Ken auf dem Schoß), Donna und Johnnie

Die ganze Familie 1955

Vater und Ken

Von links nach rechts:
John jr., Vater, Darlene, Sharon, Donna, Ken und Mutter

Oben: Das malerische Dorf Brake

Rechts: Am Eingang der Bibelschule

Die Bibelschule Brake

Die Mitarbeiterschaft der Bibelschule damals: *Ganz links* Ernie Klassen, *in der Mitte sitzend* Barbara McLeod, *dritter von links* Vater, *vierter von links* Doyle Klaassen, *ganz rechts* Heinz Weber

auf daß den Kol.1:18b in allen Dingen Vorrang habe

Die Schülerschaft der Bibelschule Brake

Rechts: Bei der Abschiedsfeier in der Bibelschule Brake 1978

Oben: Gelände der Bibelschule Brake

Mitte links: Foto eines Plat-
tencovers

Mitte rechts: Unser Zuhause in
Sommersell

Unten rechts: Vater und Ken
haben ein Go-cart gebaut

Die Enkel John Mark und Sonja genießen Weihnachten mit Großvater.

Bei einer Lieblingsbeschäftigung

Großvater mit Enkel Kenny

Multitasking: Großvater mit Enkelin Kara beim
Renovieren

Darlene und Vater

Ken, John und Vater

Sharon und Vater

Donna und Vater

Kara und Großvater

Von links nach rechts: Josh, Ken, Justin, Ryan und Jonathan mit Vater

Reynell und unser Vater

Großvater mit Enkeln *von links nach rechts:* Andrea, John Mark und Sonja

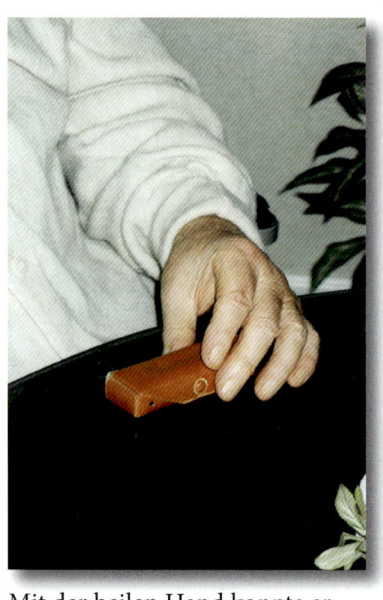

Mit der heilen Hand konnte er noch immer Mundharmonika spielen.

Im Parkvue Gesundheitszentrum in Sandusky, Ohio

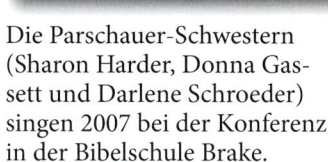

Die Parschauer-Schwestern (Sharon Harder, Donna Gassett und Darlene Schroeder) singen 2007 bei der Konferenz in der Bibelschule Brake.

Übergabe der Schulleitung bei der Konferenz 2007. Links Matthias und Imke Rüther, rechts Doyle und Lucille Klaassen

Der Chor der Bibelschüler

Kaffeetrinken mit 500 Ehemaligen
bei der Jubiläumskonferenz

Matthias und Imke
Rüther mit ihren
Söhnen bei einem
Besuch 2010

Links: Die Fami-
lie nach Vaters
Beerdigung

Es gab noch einige Stellen im Mitarbeiterteam, die besetzt werden mussten. Dazu gehörte auch die Stelle der Köchin. Die Frau, die man dafür eingestellt hatte, sagte in letzter Minute ab. Es musste dringend eine Köchin her. Kurz bevor Vater nach Kalkar aufbrach, um die Örtlichkeiten zu inspizieren, kam eine junge Frau namens Gerda Burkert auf ihn zu und bot an, in der Küche auszuhelfen. Gerda hatte einen schwierigen Lebensweg hinter sich. Als die russische Armee in ihr Heimatland eindrang, war sie als einziges Kind zusammen mit ihrer Mutter aus Ostdeutschland geflohen. Gerda war heimatlos und ohne Vater. Sie und ihre Mutter hatten bei ihrer betagten Großmutter in Westdeutschland Zuflucht gefunden. Sie hatte einen festen Glauben an Jesus Christus und wollte ihm mit ganzem Herzen dienen. Eine Ausbildung als Köchin hatte sie nicht und sie wollte auch bestimmt nicht die gesamte Verantwortung für die Küche übernehmen. Ihr Herz war jedoch willig, und sie wollte Gott dienen. So ließ sie sich überreden, die Stelle der Köchin zu übernehmen und verließ sich dabei völlig auf Gottes Hilfe. Gerda war, um es mit Vaters Worten zu sagen, ein „Geschenk des Himmels". Ihr Dienst für die neue Bibelschule war Gottes Antwort auf viel ernsthaftes Gebet. In ihrer einfachen aber makellosen Küche und mit ihrem fröhlichen Gemüt bereitete Gerda wunderbare Mahlzeiten zu, die Schüler, Mitarbeiter und tausende von Gästen im Lauf der nächsten 25 Jahren versorgen sollten.

Als Antwort auf unsere Bitte um eine Sekretärin für Verwaltungsaufgaben schickte uns der Herr Irmgard Willaredt, eine junge Frau, die sowohl Deutsch als auch Englisch gut beherrschte. Als Kind hatte Irmgard den Schrecken des Krieges erlebt. Als französische Soldaten in das Haus der Familie eindrangen, lag Irmgard krank im Bett. Ein Soldat fragte, ob sie krank sei. Sie hielt die Luft an, schloss die Augen und bewegte sich nicht. Ihre Mutter sagte „Ja". Irmgard erwartete das Schlimmste, doch die Soldaten verließen daraufhin das Haus, und ihr Leben blieb verschont.

Als Teenager bot man Irmgard an, in Toronto in der Provinz Ontario zu arbeiten, hauptsächlich um Englisch zu lernen. Während ihrer Zeit dort besuchte sie die People´s Church von Oswald Smith, wo Gott ihr eine neue geistliche Tiefe gab und eine Vision für Mission in ihr entfachte. Als sie nach Deutschland zurückkehrte und man ihr von Kanadiern erzählte, die eine Bibelschule mit Missionsfokus gegründet hatten, nahm Irmgard die offene Stelle an der Bibelschule an und arbeitete als Sekretärin des Direktors, bis sie 1960 die reizende Ehefrau von Heinz Weber wurde.

Es schien, als setzte eine göttliche Hand alle Puzzlestücke zusammen. Das Mitarbeiterteam kristallisierte sich langsam heraus; Schüler schrieben sich ein, und das Grundstück war gepachtet. Der Unterricht sollte in weniger als einem Monat beginnen, das Gebäude war jedoch noch vollkommen unmöbliert. Man kaufte einen guten Ofen aus zweiter Hand zusammen mit Geschirr, Tischen, Stühlen, Schränken und Küchenutensilien. In derselben Woche, in der die Rechnung in Höhe von 8.000 DM kam, kam ebenfalls ein Scheck per Post in Höhe von 7.500 DM, diesmal von einer Geschäftsfrau, der Besitzerin einer großen Druckerei. Herr Eikhoff verlangte eine erhebliche Summe für die Vorhänge in der

Villa. Vater sagte, er habe noch nie davon gehört, dass Vorhänge mietpflichtig seien! Jemand erzählte ihm, dass es in der Nähe von Heidelberg eine Fabrik für Vorhänge gab. Also vereinbarte er ein Treffen mit dem Generaldirektor des Unternehmens, einem christlichen Geschäftsmann. Nachdem Vater ihm die Vision für die Schule erklärt hatte, entschloss sich der Generaldirektor, maßgeschneiderte Vorhänge und Gardinen für alle 32 Zimmer zu spenden!

Betten aufzutreiben war eine weitere Herausforderung. Normale deutsche Betten waren zu groß, holländische Betten zu teuer. Armeebetten waren zwar geeignet, jedoch nur schwer zu bekommen. Ernie Klassen fuhr nach Wiesbaden, um bei Oberst Ferguson anzufragen, ob er eventuell Armeebetten für die Schule bekommen könnte. Der Oberst sagte, dass es fast unmöglich sei, fragte aber trotzdem nach, wie viele die Schule benötigte. „Ungefähr 50", antwortete Ernie. Oberst Ferguson stellte Nachforschungen an und rief danach an. Er hatte genau 50 Betten, die er uns verkaufen konnte! Der Oberst kaufte sie jedoch selbst zusammen mit Matratzen und spendete alles der Bibelschule.

Die Betten mussten aber noch über 300 Kilometer von Wiesbaden nach Kalkar transportiert werden. Während sie diskutierten, wie dies zu bewerkstelligen sei, rief Herr Schrooten, der Besitzer eines Transportunternehmens, an. Als er von den Betten erfuhr, sagte er: „Ach, das ist kein Problem. Ich fahre mit einem beladenen LKW nach Kaiserslautern und komme ohne Ladung zurück. Es wäre mir eine Freude, in Wiesbaden anzuhalten und die Betten aufzuladen." Die Betten kamen am letzten Tag im September an, einen Tag bevor die Schüler eintrafen! Die 42 Studenten waren begierig darauf, Gottes Wort zu studieren und wussten nicht, dass sie beinahe alle auf dem Boden hätten schlafen müssen!

Einer der Schüler war Wilhelm Vichel, ein Flüchtling aus Ostdeutschland, der ohne Anmeldung ankam. Er war bei seiner Flucht aus der Ostzone über die Elbe geschwommen. Die Grenzwachen schossen auf ihn, doch Wilhelm glaubte, dass sie ihn absichtlich verfehlten, da sie ihn kannten. Zuerst wusste die Schulleitung nicht, was sie mit ihm anfangen sollte. Er hatte sich ja nicht ordnungsgemäß beworben. Sie fragten sich sogar, ob er eventuell ein Spion sei! Auch Geld hatte er keins. Doch Wilhelm steckte voller geistlicher Energie und erwies sich als Mann von Integrität. Er war ein guter Arbeiter und suchte ständig nach Gelegenheiten, um praktisch anzupacken und so zu dienen. Von Beruf war er Gärtner und machte später die gesamte Landschaftsgärtnerei auf dem neuen Gelände. Nach der Absolvierung arbeiteten er und seine Frau Helene als Missionare in Brasilien.

Das Motto der neuen „Bibel- und Missionsschule" in Kalkar war 2. Timotheus 2,2: „Und was du von mir gehört hast durch viele Zeugen, das befiehl treuen Menschen, die da tüchtig sind, auch andere zu lehren." Dieses Motto setzte den Schwerpunkt für Lehrer und Schüler auf das Prinzip der geistlichen Vermehrung. Wir sollen das, was wir lernen, anderen anvertrauen und dadurch das Reich Gottes voranbringen.

UNSER LEBEN IM „HAUS HORST"

Unsere Familie lebte in einer Drei-Zimmer-Wohnung im Obergeschoss der Bibelschulvilla. Sharon und ich teilten uns ein Schlafzimmer. John, Darlene und Ken schliefen auf den Wohnzimmersofas. Der Esstisch war auf der anderen Seite im selben Zimmer. Wenn wir Gäste zu Besuch hatten, mussten sie warten, bis sich alle Gäste verabschiedet hatten, bevor sie zu Bett gehen konnten. Vater und Mutter hatten die Küche abgetrennt und schliefen dort. Irgendwie ist es mir damals entgangen, dass unsere Eltern Sharon und mir das beste Schlafzimmer gaben. Sie taten nie so, als würden sie für uns große Opfer bringen.

Im Frühjahr kam der Duft von blühendem Flieder durch unsere Schlafzimmerfenster. Etwas weniger romantisch war die Mausplage, mit der wir uns herumschlagen mussten! Fast jede Nacht stellte Mutter vier Mausefallen in unserem Zimmer auf. Hin und wieder weckte uns das Zuschnappen der Falle und der anschließende Todestanz der sterbenden Maus! Um unsere sensiblen Gemüter zu schützen, kam Mutter früh morgens ins Zimmer und beseitigte die verendeten Nagetiere, bevor wir aufwachten. In einem Winter kamen allein in unserem Zimmer mehr als 300 Mäuse ums Leben!

Das enge Miteinander hielt Vater und Mutter nicht davon ab, eine große Anzahl an Gästen einzuladen. Mutter war uns ein Vorbild und brachte uns bei, was es heißt, wirklich gastfreundlich zu sein. Sie bemühte sich nicht, ihre Gäste mit ihrer Koch- und Dekorationskunst zu beeindrucken oder sich als „perfekte Gastgeberin" aufzuspielen. Gastfreundschaft hatte für sie mit Menschen zu tun. Ihre Gäste sollten sich geliebt und geschätzt fühlen. Selbst bei unangemeldeten Besuchen öffnete sie ihr Heim gerne für andere, auch wenn das Haus nicht perfekt aussah. Mutter war nicht die beste Köchin, doch sie beherrschte ein paar Mahlzeiten, auf die sie sich verlassen und die sie schnell zubereiten konnte. Eines ihrer beliebten Desserts war Whacky Cake, ein Schokoladenkuchen für den man weder Eier noch Milch brauchte, daher hatte sie normalerweise die nötigen Zutaten zur Hand. Wenn Mutter einen Anruf von Vater erhielt und er ihr sagte, dass bald Gäste eintreffen würden, legte meine Mutter los und backte ihren Whacky Cake. Sie machte auch Schlagsahne, die sie dann mit dem Kuchen servierte. Falls sie nicht genügend Zeit hatte, um etwas frisch zu backen, so machte sie von ihrem erstaunlichen Improvisationstalent Gebrauch. Sie verwendete alles, was sie gerade zur Hand hatte und servierte es dann voller Selbstvertrauen und mit etwas frischer Schlagsahne. Wir Mädchen bezweifelten oft die Qualität dessen, was sie ihren Gästen anbot, doch Mutter war überzeugt, dass alles, was auf Royal Albert- oder Rosenthal Geschirr im Kerzenlicht serviert wird, allen gut schmecken wird. „Wenn man das Essen schön präsentiert, wird keiner daran etwas auszusetzen haben!"

Ich erinnere mich an das Gelächter und den Spaß, den wir beim Essen hatten, wenn wir neue Gäste, alte Freunde und insbesondere Missionarsfamilien zu Besuch hatten. Wir fanden es klasse, wenn wir bei ausgelassenen Rook-Spielen nach dem Essen dabei sein durften. Mutter half uns beim Schummeln, indem sie uns die Karte, die wir brauchten, zusteckte. Vater bot irrsinnig hoch und hoffte darauf, dass der Pott mit Extrakarten ein Wunder bereithielt. Oder er sagte scherzend: „Ich verlasse mich diesmal ganz auf meinen Partner!"

Sharon und ich gingen auf ein Mädchengymnasium in der 15 Kilometer entfernten Stadt Kleve. Wir bestiegen entweder den Bus zur Schule oder fuhren mit dem Fahrrad auf einem der weiten Fahrradwege, die im Flachland in der Nähe von Holland üblich waren. Wir waren die einzigen Schüler aus Kanada, und die deutschen Mädchen und Lehrer gaben uns das Gefühl, willkommen zu sein. Da wir alle Englisch, Französisch und Latein lernen mussten, waren wir wenigstens in einem Fach die Überflieger!

John fuhr ebenfalls mit seinem Fahrrad zu der 15 Kilometer entfernten Jungenschule in Goch. Ab und zu versuchte er einen neuen persönlichen Rekord aufzustellen und kam mit rotem Gesicht und völlig nassgeschwitzt zu Hause an. Darlene, unsere glitzernde kleine Blondine, passte optisch perfekt zu den anderen deutschen Kindern in der Grundschule in Kalkar. Mutter unterrichtete den vierjährigen Kenny zu Hause. Er hatte viel Kontakt mit Bibelschülern und einige von ihnen probierten ihr Englisch an ihm aus. Einmal sagte er in seiner typisch sanftmütigen Art: „Mutti, dein Deutsch ist nicht hundertprozentig."

„Ach ja?" sagte sie. „Wie meinst du das?"

„Na ja, du sprichst Deutsch wie die Bibelschüler mit mir Englisch sprechen!"

Manchmal durften wir unsere gesamte Schulklasse nach Hause einladen, wenn die Bibelschüler im Urlaub waren. Vater organisierte Staffelrennen, Völkerball- und Volleyballspiele, und Mutter kochte massenweise Essen. Die Mädchen fanden das ganz toll! Sie staunten, dass der Direktor einer Bibelschule so lustig sein konnte. Wir bauten mit der Liebe Christi Freundschaften auf. Solche Besuche halfen dabei, Misstrauen abzubauen, denn einige hielten die Schule im „Haus Horst" für eine Sekte.

RUNDFUNK, AUFNAHMEN UND MEHR

Vater war der Meinung, dass der Fokus auf dem Missionsbefehl Jesu „Gehet hin in alle Welt" liegen sollte, und er betete dafür, dass der Missionseifer in Deutschland neu entfacht würde. Mit dieser Ausrichtung produzierte und leitete er 1961 das Radioprogramm „Ruf in den Weinberg", eine 15-minütige, wöchentliche Rundfunksendung, die um 6:55 morgens über Radio Luxemburg ausgestrahlt wurde. Mit linguistischer Hilfe von einigen europäischen Bibelschülern, nahmen Sharon und ich Lieder in fünf verschiedenen Sprachen auf, die dann als Teil des Programms zusammen mit Vaters Botschaften ausgestrahlt wurden. Das Titellied für das Programm war „Gehe in den Weinberg". Es war das erste deutsche Lied, das Vater Sharon und mir beigebracht hatte, und Gott gebrauchte das Lied, um viele in den Missionsdienst zu rufen. Zu dieser Zeit fanden die Musikschallplatten der „Parschauer Schwestern" in Deutschland großen Anklang.

An Wochenenden und in den Sommermonaten waren die Bibelschüler mit Missionseinsätzen und Gemeindediensten beschäftigt und setzten so ihre theoretische Ausbildung in die Praxis um. Zweimal pro Jahr lud die Bibelschule bekannte Gastredner ein, die hunderte von Besuchern anlockten. Selbst wenn wir Kinder einen Gottesdienst verpassten und zu Hause blieben, so drang der wunderbare Gesang in unsere Wohnung im Obergeschoss des Hauses. Im „Haus Horst" ging es das ganze Jahr hoch her. Ein aufblühender Sommerfreizeitdienst brachte ganze Familien für einen gemeinsamen Urlaub zusammen. In anderen Wochen lag der Fokus auf Kindern und Teenies, und einige der Schüler blieben den ganzen Sommer über als Mitarbeiter und Seelsorger an der Bibelschule.

1961 hatte die Bibelschule 52 Schüler aus Deutschland, der Schweiz, Frankreich und Holland. Die Schule war mittlerweile zu groß für das Hotel geworden, und der dreijährige Mietvertrag lief langsam aus. Die Leiter der Schule mussten sich entscheiden, wo die Schule als nächstes hinziehen sollte. Das Bauwesen im dicht bevölkerten Europa war kompliziert und brachte ein hohes Maß an Bürokratie mit sich. Unterstützer in Deutschland und Amerika beteten zusammen mit der Mitarbeiterschaft für Gottes Führung. Und Gott wirkte Schritt um Schritt Wunder.

KAPITEL 9
OHNE MICH KÖNNT IHR NICHTS TUN

Bei der Frühjahrskonferenz in diesem Jahr erwähnte Vater, dass die Bibelschule ein größeres Gebäude benötigte. Mit seinem typisch trockenen Humor sagte er halb im Scherz: „Falls jemand ein Grundstück hat, das er uns geben möchte, nehmen wir es gerne als Geschenk vom Herrn an!" Nach dem Gottesdienst kam Frau Bunte auf Vater zu. Frau Bunte war eine Witwe, die bei der Absolvierung ihrer Tochter dabei sein wollte. Im Gespräch mit Vater sagte sie: „Sie werden es nicht glauben, aber auf dem Weg hierher sprach ich mit meinen Kindern darüber, ob wir eventuell unser Grundstück der Bibelschule zur Verfügung stellen sollten. Die Kinder waren einverstanden. Also, wenn ihr Verwendung dafür habt, dann gehört es euch." Das Grundstück war 8.500 Quadratmeter groß. Es war ein wunderschönes Fleckchen Erde im Dorf Brake, ganz in der Nähe der malerischen Stadt Lemgo unweit von Bielefeld. 1905 hatte Frau Buntes Vater einen Obstgarten auf dem Grundstück angepflanzt. Das Lebensmotto ihrer Eltern war „Bete und arbeite". Sie hatten bestimmt nicht damit gerechnet, dass ihr Obstgarten Jahre später eine solch reiche geistliche Ernte einbringen würde!

Die Bibelschule nahm das Angebot von Frau Bunte mit großer Dankbarkeit an. Ihr Bruder, Herr Wettlaufer, gab ein anliegendes, kleineres Grundstück hinzu.

Obwohl es für gewöhnlich in diesem Teil Deutschlands zwei Jahre dauerte, um eine Baugenehmigung zu bekommen, erhielt die Schule ihre Genehmigung in weniger als zweieinhalb Wochen, und die Baupläne wurden ohne Änderungen bewilligt. Ein junger christlicher Architekt erstellte die Baupläne kostenlos, und begann zudem noch die Bibelschule monatlich zu unterstützen! Zwei weitere Männer halfen als Landvermesser aus und begannen ebenfalls die Bibelschule monatlich zu unterstützen.

Herr Friedrich, ein christlicher Bauunternehmer aus Stuttgart und Vater eines Absolventen, ließ sich von seiner Firma freistellen, um kostenlos das Bauprojekt zu leiten.

Doch wer würde die Baugrube ausheben?

Vater folgte einem göttlichen Impuls und ging zu dem kanadischen Armeestützpunkt in der Nähe von Brake. Da er nicht wusste, wo er beginnen sollte, sprach er zuerst mit dem Kaplan. Dieser sagte ihm, er würde den General um ein zweiminütiges Treffen bitten. Doch seine Bitte wurde abgeschlagen, und so setzte Vater sich vor dem Büro in sein Auto und schrieb sein Gesuch auf. In seinem Brief erklärte er die Vision für die Schule und sprach von seiner Verpflichtung, die Bibel an die Jugend Deutschlands zurückzugeben. Nach fünf Wochen überbrachte ein Major der kanadischen Armee folgende Nachricht: Die Antwort lautete „Ja“. Das kanadische Militär habe entschieden, dass die Gründung einer Bibelschule eine gute Sache sei und boten an, bei der Arbeit behilflich zu sein.

„Könnt ihr die Männer an der Bibelschule unterbringen, während sie an dem Bau arbeiteten?“ fragte der Major.

„Selbstverständlich“, antwortete Vater, obwohl keine Unterkünfte für die Soldaten zur Verfügung standen. „Das ist das mindeste, was wir tun können!“

Der Kommandant muss wohl ein gewisses Maß an Unsicherheit in Vaters Antwort verspürt haben, denn er sagte: „Falls dies ein Problem ist, müssen Sie es nur sagen. Wir können Zelte mitschicken, in denen die Männer schlafen können, und unser Koch kann alle Mahlzeiten zubereiten.“

Und so kam es, dass starke, junge, kanadische Soldaten nach Brake kamen und beim Bau der Bibelschule halfen. Der Major hatte angenommen, dass der Job ungefähr zehn Tage dauern würde, doch aufgrund schweren Regens steckten die Bulldozer im Schlamm fest. Schlussendlich dauerten die Arbeiten einen vollen Monat. An regnerischen Tagen schafften die Soldaten Bausteine, Ziegel und Kies heran. Bei all diesem Tun hatte Gott letztendlich die Verantwortung und sein Name wurde gepriesen!

Vater hörte von einem Bauunternehmer in Remscheid und vereinbarte ein Treffen, um ihm die Vision für den Neubau zu erklären. Vater war nervös, als er Herrn Adolf Runkel traf. Doch in der Gegenwart dieses angesehenen Geschäftsmanns fühlte sich Vater schnell wohl. Herr Runkel hörte aufmerksam zu, als ihm Vater die Geschichte der Schule erzählte und von der Vision sprach, junge Leute für den christlichen Dienst in Europa und überall auf der Welt auszubilden. Dann beschrieb Vater den geplanten Neubau der Schule und zeigte Herrn Runkel die Pläne für ein zweigeschossiges 38-Meter langes Gebäude mit Küchenanbau und Speisesaal, groß genug für 75 Schüler und mehrere Mitarbeiterfamilien.

Schlussendlich kam die Frage, die Vater am meisten fürchtete: „Wie viel Kapital haben Sie denn für dieses Projekt?“

Vater hustete. „Ehrlich gesagt, Herr Runkel, wir haben gar kein Kapital.“

Zu seinem Erstaunen sagte Herr Runkel: „Na, dann bin ich interessiert, dann kann Gott etwas tun!“ Und für die nächste Stunde hörte Vater gebannt zu, als er ihm von seinen eigenen Erfahrungen mit Glaubensprojekten erzählte, bei denen Gott auf unglaubliche Weise gewirkt hatte. Am Ende ihres Treffens bat Herr Runkel um einen Satz der Baupläne.

„Ich kann nichts versprechen, aber ich werde beten, dass wir einen Weg finden, um zu helfen.“

Bevor sie sich voneinander verabschiedeten, gingen Vater und Herr Runkel zusammen auf die Knie und beteten um Gottes Führung bei diesem Projekt.

Wenige Tage später schleppten sich zwei riesige Lkws langsam den Berg zur Baustelle hoch; sie waren voll mit vorgebogenem Stahl, verarbeitet nach den Spezifikationen der Entwürfe. Schubkarren, Holz, Nägel, Hämmer, Sägen und mehr - Herr Runkel schickte uns alles, nur keine Rechnung. (Wenig später nahm Herr Runkel an der Einweihung einer neuen Gemeinde teil, bei dessen Bau er geholfen hatte. Von der Kanzel aus ermutigte er die Anwesenden und Gemeindemitarbeiter und rief sie zur Glaubenstreue und Integrität auf. In einer bewegenden Zeremonie überreichte er die Schlüssel an den Gemeindeleiter; dann setzte er sich in die erste Reihe und verstarb ganz plötzlich. Tausende von Menschen erschienen zu seiner Beerdigung. Sein Leben war ein Zeugnis dessen, was ein Mensch bewegen kann, wenn er sich völlig dem Reich Gottes verschreibt.

Mit weniger als 150 DM auf der Bank war die Baugrube nun ausgehoben und der Bau konnte im Herbst 1961 beginnen. Frau Bunte beherbergte einige der Arbeiter in ihrem Haus. Der Bauleiter Franz Friedrich meinte, dass es möglich sei, den gesamten Bau mit der freiwilligen Hilfe von Bibelschülern fertigzustellen; er selbst würde die Arbeiten überwachen. Sechs Schüler unterbrachen ihre Bibelschulausbildung für ein Jahr, um an dem Projekt mitzuarbeiten.

Der Bau, ohne Elektrizität und fließendes Wasser, war eine gewaltige Herausforderung. Das Wasser musste von einem nahgelegenen Bach herangeschafft werden. Herr Friedrich verschwendete nichts. Gebrauchte Nägel wurden gerade gehämmert und erneut verwendet! Es war für alle ein Abenteuer, und Gott schenkte Energie und sorgte für die alltäglichen Bedürfnisse der Mitwirkenden. Wenn Rechnungen kamen, dann kam auch Geld, um diese zu bezahlen. Alle Ausgaben wurden durch Spenden und Beiträge gedeckt, so musste die Schule keinen Kredit aufnehmen. Die meisten Spenden kamen von Deutschen, einige sogar von den Bibelschülern selbst. Deutsche Geschäftsleute spendeten zudem beträchtliche Summen. Ernie Klassen wollte damals eine Tiefkühltruhe und vier automatische Wasserboiler bestellen. Er rief einen christlichen Geschäftsmann an und fragte nach, ob man diese im Großhandel kaufen könne. In gebrochenem Englisch sagte der Mann: „The wholesalers are doing anything and I am doing anything too.“ [„Der Großhändler wird etwas am Preis machen und auch ich werde etwas machen“] Später erhielt die Bibelschule die Wasserboiler als Geschenk.

Ingenieure und Experten schätzten, dass es mindestens fünf Jahre dauern würde, bis die Straße zur Schule fertig sei. Es würde ebenfalls fünf Jahre dauern bis die Schule Strom, ein Abwassersystem und fließendes Wasser bekäme, doch innerhalb von acht Monaten war alles bereit.

Als der Bau fast beendet war, feierte die Bibelschule am 1. Oktober 1962 ihre Eröffnung. Die Klassenzimmer waren zwar kahl und ohne Teppich, alle Zimmer waren jedoch sauber und gestrichen. Der Boden auf dem Gelände war vom Regen durchnässt, und so legten die Arbeiter an den Eingängen zu dem Gebäude Bretter über den Schlamm. 70 Schüler kamen in diesem Jahr voller Abenteuerlust und mit einer Bereitschaft anzupacken an die Bibelschule. Unter den Mitarbeitern und Schülern herrschte ein bemerkenswert starker Geist der Einheit. Dies war erstaunlich, denn es hätte sich auch leicht aufgrund der primitiven Bedingungen und des unabgeschlossenen Baus Frust breit machen können.

Für die Herbstkonferenz und Einweihungszeremonie mietete die Bibelschule ein Zelt mit 700 Sitzplätzen, und selbst das war noch zu klein für die Flut von Gästen und Freunden, die kamen, um Gottes Treue zu feiern. Jedes Zimmer in dem neuen Gebäude war besetzt und jede Rechnung bezahlt! Gott sei die Ehre!

Die Verantwortlichen an der Bibelschule wussten, dass das Grundstück von Frau Bunte zu klein war für eventuelle Erweiterungen und beteten dafür, dass man angrenzende Grundstücke aufkaufen könne. Zuerst waren keine der drei Grundstückbesitzer bereit zu verkaufen. Doch plötzlich aus keinem ersichtlichen Grund außer dem Wirken Gottes änderten alle drei ihre Meinung und boten ihr Land der Schule zum Verkauf an. Vater gab das Wunder bei der Konferenz bekannt und etliche Leute spendeten großzügig. Es kam beinahe genug zusammen, um die zusätzlichen Grundstücke zu bezahlen.

In einem Rundbrief an Unterstützer und Freunde in Kanada und den USA, den Vater am 29. Oktober 1962 schrieb, sagte er: „Ich bin überzeugt, dass viele dieser Wunder geschahen, weil ihr dafür gebetet habt. Wir wollen euch von Herzen für euren Beitrag zu dieser Arbeit und für eure Treue danken. Gott wird euch sicherlich dafür belohnen. Es ist unser Herzenswunsch, dass wir nicht nur in finanziellen und materiellen Dingen die wunderwirkende Kraft Gottes erleben, sondern noch viel mehr in geistlichen Dingen. Mögen Christus, die Bibel und die Mission immer der Fokus unserer Schule sein."

SOMMERSELL

Als wir Kinder erfuhren, dass wir aus Kalkar wegziehen würden, fragten wir selbstverständlich, wohin es denn gehen sollte. In der Bibelschule selbst war nicht genügend Platz, und private Mietwohnungen waren sehr schwer zu finden und teuer.

Die zehnjährige Darlene fragte jedoch bei Mutter an, ob sie in der neuen Wohnung vielleicht ihr eigenes Zimmer haben könne. Sie war es langsam leid, im Wohnzimmer mit ihren beiden Brüdern zu leben.

„Nun ja, vielleicht kannst du dir ein Zimmer mit unserem Hund teilen", sagte Mutter.

„Ehrlich, Jet kann in meinem Zimmer schlafen?" fragte Darlene begeistert.

„Nein", sagte Mutter, „aber vielleicht kannst du mit ihm in der Hundehütte schlafen!"

Darlene lachte und sagte: „Ich werde einfach dafür beten."

Ein paar Wochen später rief ein Mann aus Brake an. Er war begeistert von den Plänen für die Bibelschule.

„Meine Frau und ich bauen gerade ein Investitionshaus, ungefähr zwölf Kilometer vom Bibelschulgrundstück entfernt", sagte er. „Wir haben bereits ein Haus und vor kurzem sagte ich zu meiner Frau: ,Ich glaube, wir bauen dieses Haus für die Parschauer Familie.' Sie stimmte mir zu, und so wollten wir anfragen, ob ihr unser Haus mieten wollt?"

Das zweigeschossige Haus auf einem Hügel im Dorf Sommersell bot den Ausblick über eine malerische, grüne Landschaft. Direkt vor der Eingangstür erstreckt sich ein Feld, das zu einem wunderschönen Wald führte. Es war genau richtig für unsere Familie. Und Gott beantwortete auch Darlenes Gebet. Sie bekam im Obergeschoss ihr eigenes Zimmer!

Im Laufe der Jahre wurde das Haus ein Rückzugsort für unsere Familie. Wir alle liebten den Wald. Ken, ein echter Naturliebhaber, verbrachte viele Stunden dort mit seinem Freund Uli, der direkt nebenan wohnte. Auf einem Feld fand er einmal einen verwaisten, neugeborenen Hasen und kümmerte sich sehr liebevoll um ihn. Bald schon war „Wutzi" Teil unserer Familie. Er hüpfte oft die Treppe hoch, um Vater „Hallo" zu sagen, während dieser in seinem Büro arbeitete.

Vater stand immer früh auf, um in aller Stille die Bibel zu lesen, zu meditieren und zu beten. Im Sommer weckte er uns manchmal vor Sonnenaufgang, um mit ihm in den Wald zu gehen und die Vögel singen zu hören. Er kannte viele Vogelrufe und konnte auch einige nachahmen. Ein paar Rufe, wie die der Wiesenlerche und anderer Prärievögel, musste er wohl noch aus seiner Kindheit in Saskatchewan gekannt haben, denn wir sahen diese Vögel nie in Deutschland. „Haltet die Augen auf", flüsterte er, „vielleicht könnt ihr ein Reh sehen." Und wir hielten den Atem an, da wir auf keinen Fall irgendwelche herrlichen Tiere verscheuchen wollten. Vater erzählte uns von dem Nervenkitzel, den er bei der Jagd auf Erdhörnchen und Enten in Kanada verspürt hatte, doch an Morgen wie diesen konnte ich mir nur schwer vorstellen, dass er in seinem Innersten wirklich ein Jäger war.

In Deutschland gibt es viele bewölkte, regnerische Tage, die perfekt zum Wandern sind! Ich liebe den Regen, das Geräusch des Regens, das Gefühl von Regentropfen auf der Haut und die Schönheit der Regentropfen, wie sie zitternd an einer Blattspitze hängen, sich weigern zu Boden zu fallen.

„Darlene, es regnet. Möchtest du einen Spaziergang machen?" fragte ich. Kurz darauf gingen wir mit eingehängten Armen geradewegs in den Wald. Wir liebten es, auf dem schwammigen, Teppich-ähnlichen Waldboden zu gehen. Wir vergaßen dabei völlig die Zeit und verloren auch manchmal die Orientierung. Einmal hatten wir uns komplett verlaufen. Wir wanderten durch den Wald und waren sehr erleichtert, als wir auf einer Lichtung ein einzelnes Haus erblickten. Die Dame des Hauses ließ uns schmutzig und nass, wie wir waren, herein, damit wir zu Hause anrufen konnten. Sie gab Vater eine Wegbeschreibung, und während wir auf ihn warteten, sprachen Darlene und ich mit unserer liebenswürdigen Gastgeberin und sangen ihr ein christliches Lied vor, dessen letzte Strophe so lautet:

Wenn ich dereinst den Pilgerlauf beende
Wenn all mein Werk vollendet hier wird sein
Dann weiß ich droben ist ein Heim bereitet
Wo mich mein Gott wird ewiglich erfreu'n

Das Haus in Sommersell war nicht nur für unsere Familie ein Zuhause, sondern wurde auch bald ein Erholungsort für Bibelschüler. Sie machten nachmittags oft Ausflüge in Gruppen nach Sommersell. Die winterlichen Rodelparties, die Vater und Mutter veranstalteten, waren legendär! Vater besorgte glatte Schläuche von Lkw-Reifen. Diese eigneten sich perfekt dazu, schnell und meistens sicher den Hügel bei unserem Haus hinunterzurasen! Die Schüler ließen sich vom Spaß mitreißen. Sie liebten es, den „Direktor" in dieser weniger würdevollen Rolle zu sehen und jubelten ihm begeistert zu. Während Vater mit den Schülern rodelte, blieben wir im Haus und halfen Mutter dabei, ein paar Leckereien vorzubereiten: Bienenstich, Früchtetorte, Apfelstrudel, haufenweise Schlagsahne und heißen Kaffee. Damit Mutter sich die Namen der Schüler besser merken konnte, klebte sie ein Namensverzeichnis mit Fotos in ihren Küchenschrank und sprach jeden Schüler direkt mit Namen an, wenn sie ihnen das Dessert servierte. Jahre später bekamen Vater und Mutter noch Briefe von Schülern, in denen sie ihnen für die unvergesslichen Rodelparties in Sommersell dankten.

In den nächsten Jahren, als wir fünf Geschwister die Universität in den

USA besuchten, wurde unser Haus in Sommersell zu unserem Erholungsort. Wir knauserten und sparten, um uns den Flug nach Deutschland leisten zu können, und viele Freunde auf beiden Seiten des Ozeans spendeten großzügig, damit wir diese unvergesslichen Zeiten als Familie erleben konnten.

KAPITEL 10

IM WANDEL

Ob wir nun als Familie alle zusammen in Deutschland waren oder aufgrund von Studium und Arbeit auf der anderen Seite des Ozeans, Vater und Mutter waren uns entweder in Gesprächen, im Gebet oder durch Anrufe und Briefe immer sehr nahe. Mutter studierte unsere Briefe geradezu, unterstrich wichtige Informationen, schrieb die Namen von Freunden auf und notierte bevorstehende Prüfungen, die wir erwähnten, damit sie sich an jedes Detail erinnern und dafür beten konnte. Die Briefe von Vater und Mutter waren für uns alle eine große Ermutigung. Sie fragten immer nach bestimmten Ereignissen oder Gebetsanliegen, die wir zuvor erwähnt hatten.

Als wir heirateten, fanden alle fünf Eheschließungen entweder im August oder im September statt. Wir planten unsere Hochzeiten für die Zeit vor dem Herbstsemester, damit Vater frei hatte, denn wir wollten, dass er uns traut. Jedesmal, wenn wichtige und besondere Ereignisse in unserem Leben anstanden - Hochzeiten, Absolvierungsfeiern, Geburten - versuchten Vater und Mutter dabei zu sein. Selbst wenn sie sich die Reise nicht leisten konnten, vertrauten sie darauf, dass Gott nach seinem Willen für sie Vorsorge treffen würde. Nachdem sie über eine solche Entscheidung gebetet hatten und Vater auf die Stimme Gottes wartete, machte sich Mutter oft bereits an die Arbeit; sie sagte: „Schatz, bete du dafür und ich geh' schon mal packen!"

Da wir in einer Atmosphäre aufwuchsen, in der wir zu Glaubensschritten ermutigt wurden, waren wir Kinder offen für missionarische Aktivitäten, wenn wir dazu die Gelegenheit bekamen. Sharon unterrichtete eine Zeitlang an der Kent Akademie in Nigeria in Afrika. John und Ken nahmen an einem kurzen medizinischen Einsatz in Honduras teil. Darlene arbeitete während der Sommermonate mit der Kinder-Evangelisations-Bewegung in Deutschland. Als man mich fragte, ob ich Klavierunterricht an der Bingham Akademie in Äthiopien geben möchte, konnte ich beinahe Vaters Stimme hören, wie er mich mit den Worten Jesu ermutigte: „Siehe, ich sage euch: Hebet eure Augen auf und sehet in das Feld; denn es ist schon weiß zur Ernte." (Johannes 4,35).

In diesen Zeiten, in denen wir weit weg von zu Hause waren und uns allein auf Gott verließen, wurde der Glaube unserer Eltern für uns zu etwas Persönlichem. Aus Äthiopien schrieb ich Vater und Mutter, dass ich trotz meiner Ängste die Gegenwart Christi ganz neu verspürte, die für mich so real war, dass es sich beinahe wie eine schützende, „warme Mauer" anfühlte. Diese Nachricht ermutigte meine Eltern sehr, da meine Worte genau das wiedergaben, wofür sie gebetet hatten. Aufgrund der explosiven politischen Atmosphäre in Äthiopien zu jener Zeit waren sie um meine Sicherheit besorgt und beteten diesen Vers: „Und ich will, spricht der HERR, eine feurige Mauer umher sein und will mich herrlich darin erzeigen." (Sacharja 2,9). Die Worte „warme Mauer" in meinem Brief waren für sie eine Bestätigung, dass Gott tatsächlich ihre Gebete beantwortete.

Obwohl Vater und Mutter noch keine genauen Pläne hatten, wo sie sich zur Ruhe setzen würden, entschieden sie sich, die Leitung der Bibelschule an andere abzugeben. Doyle Klaassen, ein junger Mann aus Saskatchewan, sollte der neue Direktor werden. Wie Vater war Doyle ein Absolvent des Pambrun Bible Institute und ein frommer, fähiger und respektierter Lehrer und Leiter. Über die Jahre hatten Vater und Mutter eine tiefe Verbindung zu Doyle und seiner wundervollen Frau Lucille und ihren vier Kindern aufgebaut. Vater war überzeugt, dass Doyle das Herz, die Fähigkeit und die Demut besaß, das Werk weiterzuführen und die Arbeit der Bibelschule in Deutschland auszuweiten. Doyle zögerte zuerst, doch mit Vaters Ermutigung und nach viel Gebet, übernahm er die Leitung der Bibelschule, die Vater voller Freude und Dankbarkeit abgab.

Und so kam es, dass 1978 Hunderte von Schülern und Ehemaligen, die Vater als ihren geistlichen Vater ansahen, meine Eltern bei einer Abschiedsfeier in Brake ehrten. Der Gottesdienst bestand auch aus einem Festzug mit über 50 Flaggen der Länder, in denen Absolventen der Bibelschule nun als Missionare dienten. Wie es in dem Buch über die Geschichte der Bibelschule Brake mit dem Titel Gott ist Treu heißt: „Aus einem einfachen Farmerssohn aus ungläubigen Verhältnissen war ein gesegneter Bibelschullehrer geworden."

Mom erinnerte sich an die letzen Wochen in Brake und schrieb:

AUF WIEDERSEHEN

(Maureen Parschauer)

Vorsichtig setzte sich der Mercedes Dreitonner in Gang, bog schwerfällig links in den Eikermannsberg in Richtung Kirche, wo die große Uhr gerade vier schlug. Von der Kreuzung aus winkte ich, bis der Mietwagen in der Kurve verschwand. Nur das Gurren der Trauertauben war in der Morgendämmerung zu hören. Meine Gedanken begleiteten John durch die Braker Mitte, unterwegs nach Bremen, um unsere vierzehn Kisten zum Hafen zu bringen. Typisch, dass er als Pionier, der er nun einmal war, allein in das Morgengrauen hinein startete - „nicht irgendwie, sondern siegreich". Vor vierundzwanzig Jahren waren wir mit etwa der gleichen Menge an Gepäck in dem gleichen Hafen in Deutschland angekommen.

Als der Lastwagen verschwand, hielt ich inne, um Gott für jenen Lebensabschnitt zu danken, welchen wir in Deutschland zugebracht hatten. Jetzt schloss sich dieses Kapitel. „Wir haben den Lauf beendet". Den Rest dieser Aussage des Apostels Paulus sagte ich prüfend vor mich hin: „Wir haben den guten Kampf gekämpft, wir haben Glauben gehalten." Welch' eine Herausforderung!

Die Morgenvögel setzen ihren lautstarken Gesang fort. Durch die morgendliche Stille ging ich den Weg am Bibelschulgelände entlang und an jenem Lehrerhaus vorbei, das für die letzten fünf Jahre unser Zuhause gewesen war. Und dann weiter den kleinen Bach entlang ins Braker Dorf.

In Barbara MacLeods schnuckeliger Wohnung beim anschließenden Frühstück tauschten wir zwei uns über die erfahrene Treue Gottes während der letzten 25 Jahre aus. Barbara selbst war vor 21 Jahren aus Kanada dazu gestoßen, damals als Lehrerin für unsere Kinder.

Wir sannen über die wunderbare Wahrheit nach, dass der Same, den wir in verschiedene Herzen und Familien gepflanzt hatten, unvergänglich war. Obwohl wir jetzt sozusagen das Feld verließen, würde die Ernte noch lange Jahre andauern.

Nach dem Abschiedsgottesdienst im April haben das Vorrecht gehabt, einige Menschen zu sehen, in deren Leben der Same, nämlich Gottes Wort, Frucht trug. Wir haben dank unserer geschenkten Bahnpässe Bibelschulabsolventen in der Schweiz, Italien, Sizilien, Süddeutschland, Österreich, Dänemark, Norwegen, Schweden und Finnland besucht. Einige dieser „Felder" waren steinig, andere hatten guten Boden.

Über 200 ehemalige Schüler hatten uns überrascht, als sie zur Frühjahrskonferenz und unserer Verabschiedung am 30. April in der Bibelschule erschienen. Unsere fünf Kinder, die alle in Brake studiert hatten, kamen auch. Es bewegte uns tief, als wir erfuhren, dass einige Ehemalige von sich aus gespendet hatten, so dass unsere Söhne, John und Ken, auch dabei sein konnten.

Die Halle war überfüllt. Einige Gäste erlebten die Feier per Übertragung im neuen Speisesaal mit. Die Bibelschüler leiteten uns in anbetungsvollem Singen. Dann defilierten die 200 ehemaligen Schüler Fahnen schwenkend zur Bühne, stille Zeugen, dass unsere Absolventen in jenen Ländern tätig sind.

Das Programm der Verabschiedungsfeier bestand aus Musik, Botschaften, Dankesworten und auch einem Gedicht über unsere Familie. Alles herzbewegend und auf Gottes Ehre ausgerichtet. Die Bibelschüler überreichten uns Blumensträuße und zwei Bilderalben - ein kostbares Erinnerungsgeschenk!

Unsere Familie wurde gebeten, auch an der Programmgestaltung mitzuwirken. Mit Liedern und Zeugnissen brachten wir unsere Liebe und unsere Dankbarkeit zum Ausdruck und lobten Gottes Treue während unserer Jahre in Deutschland. Heinz Weber, unser Schweizer Kollege, brachte eine passende Botschaft. Wir waren von der Feier tief bewegt und von den vielen Liebeserweisen überwältigt.

Am nächsten Morgen setzten mein Mann und unsere drei Töchter, Sharon, Donna und Darlene, ihre dreiwöchige Konzerttournee durch Deutschland und die Schweiz fort.

Ganz früh brachte Ken seinen Bruder John jr. zum Flughafen. Als die Maschine mit Ziel USA vom Boden abhob, sagte John später, habe er noch einmal die wunderschöne deutsche Landschaft in ihrer Frühlingspracht genossen. Als sie über die Autobahn flogen, dachte er an Ken, der gerade nach Brake „heim" fuhr. Eine Flut

von nostalgischen Kindheitserinnerungen bewegten ihn, als er jenem Land, das
solange seine Heimat gewesen war, „Auf Wiedersehen" sagte.
Ken zog es vor, noch ein paar Tage beim Packen zu helfen. Kiste um Kiste! Stur
blieben wir ganz lange Tage dabei und fast die ganze letzte Nacht – bis vier Uhr
am Morgen! Wieder ein herrlicher Sonnenaufgang, als die Vögel zu zwitschern
begannen. Ken hörte das bekannte Gurren vom Wald. Wie oft war er als Junge
diesem Gesang in den Wald gefolgt, in der Hoffnung, den Vogel zu sehen. Plötzlich
verließ ihn seine Müdigkeit. Es war sein letzter Morgen in Deutschland. Schnell
entschloss er sich, nach Sommersell zu fahren und dort die bekannten Stätten
seiner Jugend im nahegelegenen Wald aufzusuchen. Zwei Stunden später kehrte
er nach Brake zurück. Nun war er bereit, nach Luxemburg zu fahren, um von dort
aus mit dem Flieger nach Philadelphia zurückzukehren. Er war langsam die be-
kannten Wege durch den Wald nach Sommersell gefahren und hatte dabei mehrere
äsende Rehe und auch anderes Wild gesehen. Es war ein stilles, tiefes Erinnern und
zugleich ein Abschiednehmen von einem Ort und einer Lebensweise, die sich tief in
seine Seele eingegraben hatte.

Der letzte Tourneetag der Parschauer Schwestern endet mit einer freudigen Note.
Gott hatte alles bis ins Detail vorbereitet. Der Tag war mit Filmen für einen christ-
lichen Sender aus den Niederlanden ausgefüllt. Das Shooting war für draußen in
Lemgoer Nähe geplant gewesen, nicht im Studio in Holland. Sonnig und klar brach
jener Morgen an. Die Camera-Crew filmte die Mädchen beim Singen, während sie
Lemgos Einkaufsstraße entlang schlenderten. John wurde auf dem wunderschönen
Bibelschulgelände interviewt. Familien-Interviews folgten unter blühenden Apfel-
bäumen auf den Wiesen beim Braker Schloss. Von den Höhen im Lemgoer Wald
aus sang das Trio „Unto the Hills" (zu den Bergen). Welch ein einmaliger Tag der
Freude und des Lobes an einem Ort, der uns so viel bedeutete.

Für John und mich war aber unser Abschied ganz anders, hektischer und drama-
tischer. Wir hatten den Abflug genau auf das Ende der zweimonatigen Bahnreise
quer durch Europa gelegt. Unsere Kisten waren bereits abgeschickt worden, unser
Flug gebucht. Aber mit einem Flugstreik hatten wir nicht gerechnet. Das Reise-
büro in Holland informierte uns am Abend vor dem Abflug, dass unsere Tickets
storniert worden waren. Daraufhin riefen wir einen Freund in England an, ob wir
vielleicht mit der preisgünstigen Laker Linie fliegen könnten. Aber der gute Mann
konnte uns kaum Hoffnung machen: „Ungefähr 100.000 Touristen campieren
an Londoner Flughäfen", meinte er. Sie alle warteten auf Flüge. Wir versuchten
Luxemburg, weil die dort startende isländische Loftleidir Linie nicht dem Weltver-
band angehörte. Dort erfuhren wir, dass die Linie tatsächlich flog, aber über Tage
ausgebucht war und lange Standby-Listen hatte. Endlich kontaktierten wir einen
Reiseagenten in Frankfurt, einen Freund, der uns schon häufig aus Engpässen
beim Fliegen herausgeholfen hatte. Die meisten deutschen Flieger starteten nicht,
erfuhren wir von ihm, aber eine Maschine aus Pakistan sei im Anflug. Vielleicht
hätten wir noch mit Standby-Tickets eine Chance.

Eine Stunde später wartete John mit Flugscheinen in der langen Schlange. Ich hielt
bei unseren übervollen Koffern Wache. In wenigen Minuten waren wir an Bord

eines Pakistan International Airlines Flugzeugs über Paris nach New York. Wir konnten uns nur ungläubig und erstaunt in die Augen schauen! Und dann fiel uns ein, dass wir die Kinder nicht informiert hatten. Bei der Zwischenlandung in Paris riefen wir schnell Ken an, der uns zusicherte, dass er uns abholen würde.

Der HERR selber gab uns diesen königlichen Abschied: Die einzigen freien Sitze waren nämlich in der ersten Klasse! In vornehmem, orientalischem Stil wurden uns unsere Mahlzeiten auf weißen Damasttischtüchern in edlem Porzellan und mit glänzendem Silberbesteck serviert. Unsere sechsgängige Mahlzeit bot eine Auswahl von sechs Hauptgerichten mit allerlei Salaten und Gemüsesorten. Süßigkeiten, Getränke und Snacks wurden immer wieder mit fernöstlichem Charme von Flugbegleiterinnen in eleganten Saris gekleidet angeboten. Noch nie hatten wir solchen Luxus genossen! Als ob unser HERR uns zulächelte. Wie typisch von Ihm, unseren Einstieg ins Rentnerdasein so zu gestalten. „Nicht irgendwie, sondern siegriech". „Und er weidete sie mit aller Treue und leitete sie mit kluger Hand."

So wie Vater und Mutter jahrelang als Missionare vom Glauben getragen wurden, so vertrauten sie auch für ihren nächsten Lebensabschnitt auf Gott. Sie hatten kein Zuhause in den USA und so gut wie keine Rente, von der sie hätten leben können. Wir Kinder fragten uns, wie Gott wohl für sie sorgen würde. Kurz darauf bot Wort des Lebens International Vater eine Teilzeitstelle als Missionsvertreter in Schroon Lake, New York an. (Von Anfang an, also seit jener Zeit, in der das Wort des Lebens Quartett seinen Dienst begann, unterstützte und ermutigte Vater Wort des Lebens in Deutschland.)

Unsere Eltern suchten und beteten immer noch für eine Unterkunft in Schroon Lake, als sie einen Brief von einem Geschäftsmann aus Deutschland erhielten. Dieser Geschäftsmann, so schrieb er, repräsentierte eine Gruppe deutscher Christen, die ihrer Wertschätzung für Vaters und Mutters 25-jährigen Dienst in Deutschland Ausdruck verleihen wollten. Der Brief beinhaltete genügend Geld für eine große Anzahlung auf ein wunderschönes Haus, das erste Haus, das Vater und Mutter jemals besaßen. Über die nächsten Jahre wurde dieses Haus zu einem Urlaubsort für Familienmitglieder. Für die zehn Enkel waren Weihnachtsfeste bei „Nana und Bompa" ein Highlight. Teekränzchen, Rodeln am örtlichen Golfplatz, Rook spielen und Wanderungen am Mount Severance - es war klasse, Vater und Mutter auf dieser Seite des Ozeans zu haben!

Sie unternahmen weiterhin Missionsreisen, um Ehemalige der Bibelschule zu ermutigen. Eine Reise im Mai 1981 führte sie nach Lissabon in Portugal. Wie der Zufall es wollte, feierten Vater und Mutter ihren 37. Hochzeitstag während dieser Zeit, und Vater wollte auf keinen Fall die Gelegenheit verpassen, dieses Ereignis trotz seines geschäftigen Dienstplans zu feiern. In jenem Jahr fiel der Muttertag auf ihren Hochzeitstag, und so verfasste Vater ein Gedicht für Mutter:

How good the Lord has been to me
To place you at my side

Just thirty-seven years ago
You became my loving bride
These many years we've traveled
Over hill and dale, over plain and sea
We've witnessed God's good hand
In many a country
On this glad day in Portugal
I love you even more
Than on the day the Lord united us
On that Canadian shore
This also being Mother's Day
I do want you to know
That not only I but all our children
Love and adore you so
We all wish you God's special grace
Abiding peace and rest
And would not wait until "someday"
To call our treasure "blessed".

Wie gut der Herr doch zu mir gewesen ist
Dich an meine Seite zu stellen
Nur 37 Jahre ist es her
Dass du meine liebende Ehefrau wurdest
Alle diese Jahre reisten wir zusammen
Über Berg und Tal, Land und Meer
Wir erlebten Gottes Wirken
In vielen Ländern
An diesem glücklichen Tag in Portugal
Liebe ich dich noch mehr
Als an dem Tag, an dem der Herr uns
An der Küste Kanadas vereinte
Da heute auch Muttertag ist
Möchte ich, dass du weißt
Dass nicht nur ich, sondern alle unsere Kinder
Dich lieben und verehren
Wir alle wünschen Dir Gottes besondere Gnade
Einen verweilenden Frieden und eine innere Ruhe
Und warten nicht auf „jenen Tag"
Bis wir diesen Schatz einen „Segen" nennen

Stets nahmen Vater und Mutter Anteil am Leben ihrer Kinder und Enkel. Frühstückswaffeln, Kokosnusstorte und ihre Toast- und Teeparties waren wohl bekannt. Ihre Enkel wussten, dass Nana immer froh war, wenn sie an ihrer Tür klingelten. Für ihre Enkelinnen machten sie Puppenhäuser mit Teppichböden; für die Jungs machte Bompa in seiner Kellerwerkstatt Steinschleudern und andere Spielzeuge. Eines Tages telefonierte unsere Tochter Sonja mit ihrer Großmutter und erzählte ihr weinend, dass ihr Hamster „Smoky" gerade gestorben sei. Eine Stunde später standen Bompa und Nana mit einem perfekt gezimmerten Miniatursarg vor der Tür. Der Sarg hatte einen lilafarbenen Kordsamtbezug und war mit Petunien geschmückt. Sie nahmen die Trauer eines kleinen Mädchens ernst. Sie hielten sogar einen formellen Beerdigungsgottesdienst für Smoky im Garten ab. Das Leben Jesu floss voller Gnade und auf ganz praktische Weise aus „Nana und Bompa".

KAPITEL 11

DAFÜR HABE ICH DEN HERRN JESUS

Gottes Gnade wirkte weiterhin im Leben meiner Mutter, auch nachdem bei ihr 1991 aggressiver Bauchspeicheldrüsenkrebs diagnostiziert wurde. Die Nachricht, dass Mutter bald nicht mehr bei uns sein würde, war für die ganze Familie absolut erschütternd. Sie baute körperlich sehr schnell ab und schwand mehr und mehr vor unseren Augen, doch ihr Mut und ihr Glauben schienen zunehmend stärker zu werden. An besonders schwierigen und qualvollen Tagen sagte sie uns oft: „Dafür habe ich den Herrn Jesus."

Es war uns ein Ehre, sie in unserem Zuhause zu versorgen. Als sie am Ende nichts außer Eisscheiben zu sich nehmen konnte, servierten wir ihr diese in zierlichen Royal Doulton Porzellantassen. Die Präsentation war ja für sie immer so wichtig gewesen. Und sie war stets dankbar: „Wunderbar, Schatz, sehr erfrischend." Sie verlor auch niemals ihren Sinn für Humor. Eines Morgens zog ich schnell ihren alten Bademantel über und ging zu ihr ins Zimmer, um „Hallo" zu sagen.

„Ein neuer Bademantel?" scherzte sie.

„Nein", sagte ich, „dies ist ein alter Mantel, der früher einmal eine wunderschöne Dame eingekleidet hat."

„Ach, und jetzt trägst du ihn!?"

Wir empfanden jedoch auch tiefe Trauer. Ich wachte eines Nachts im Gästezimmer meiner Eltern auf. Es war 4 Uhr morgens und ich spürte eine unaussprechliche Schwermut und Trauer, da ich wusste, dass ich bald meine Mutter verlieren würde. Ich hielt mein Schluchzen zurück, damit mich keiner hörte. Ich konnte nicht wieder einschlafen, und so ging ich auf Zehenspitzen nach unten und sah durchs Fenster, wie der Schnee noch vor Sonnenaufgang sanft zu Boden fiel. Ich drehte mich um und sah Vater den Flur entlang kommen. Er sah sofort an meinem Gesicht, was in mir vorging. Wir hielten uns in den Armen und mussten nichts weiter sagen. Nach einer Weile sagte er: „Warum versuchst du jetzt nicht etwas zu schlafen?" Ich fühlte mich, als sei ich wieder fünf; mein Vater sorgte noch immer für mich. Beinahe instinktiv folgte ich seinem Ratschlag und ging die Treppe hoch, schlüpfte unter die Decke und schlief ein.

Ein paar Tage vor Ostern standen alle zehn Enkelkinder aufgereiht in Nanas Zimmer, um sich bei ihr zu verabschieden. Mutter hatte damit begonnen, Osterhasen für sie zu nähen, war aber nicht mehr im Stande gewesen, sie fertigzustellen. Sharon hatte ihre Arbeit beendet und ließ

Mutter die Freude, jedem der Kinder ein letztes Geschenk zu geben. Als die Kinder Nanas Schlafzimmer verließen, merkte Darlene, dass Mutter etwas sagen wollte. Sie beugte sich über sie, um ihre leisen Worte zu hören.

„Was meinst du, Mutter?"

Mit einer schwachen Stimme wiederholte Mutter die Worte: „Es gibt so viel zu feiern." Am 23. April 1992 bekam mein Bruder Ken mit, wie sein achtjähriger Sohn Josh im Beerdigungsinstitut ein Lied sang. Ken bat ihn, die Worte nochmals für mich zu singen - das Lied war ein spontanes Gedicht, das aus seinem Herzen kam. Ich schrieb die Worte schnell auf der Rückseite eines Umschlages auf:

Why did you have to go
Why did you have to go so soon?
Why couldn't you stay and play
Why did you have to take that heavenly hot air balloon?
For all I know you could be dancin'; you could be prancin'
You could be doing somersaults
For all I know you could be singin'
You could be eating chocolate malts
But, Nana, why did you have to go . . .

Warum musstest du fort
Warum musstest du so früh schon fort?
Warum konntest du nicht bleiben und spielen
Warum musstest du in diesem himmlischen Heißluftballon aufsteigen?
Jetzt kannst du tanzen und springen
Und Purzelbäume schlagen
Jetzt kannst du singen
Und Schokoladenpralinen essen
Warum, Nana, warum musstest du fort . . .

Doyle Klaassen reiste aus Deutschland an, um bei der Beerdigung zu sprechen. „Onkel" Mark Bredin und „Tante" Ruth Robins kamen den weiten Weg vom New Brunswick Bible Institute, um Mutter die letzte Ehre zu erweisen und um Vater zu trösten. Mein Ehemann Bill schrieb ein Gedicht, das er beim Gottesdienst vorlas:

Her Love and Her Laughter

God gave us a beautiful lady
God gave us a wonderful friend
Her life here on earth is now over
But her love and her laughter won't end

What memories we have of her kindness
Her generous and unselfish way
Her sweet gentle voice may be gone now
But her love and her laughter will stay

She cared for our children with wisdom
We never once heard her complain
They'll miss Nana reading them stories
But her love and her laughter remain

Each meal she made was a banquet
Even her tea and her toast
We'll cherish her tarts and her waffles
But her love and her laughter the most

She lived like the lady in Proverbs
Whose hands were kept busy with cheer
Her sewing machine is now silent
But her love and her laughter we hear

Much more could be said about Nana
How she played with the kids in the snow
Like flowers some memories may fade
But her love and her laughter will grow

We're grateful for all she has taught us
Her life was a fruitful tree
Her faith, hope, and courage a treasure
But her love and her laughter the key

She's loving and laughing in glory
Now that she's home with the King
We can't take possessions to heaven
But her love and her laughter we'll bring

Ihre Liebe und ihr Lachen

Gott schenkte uns eine wundervolle Frau
Gott schenkte uns einen wundervollen Freund
Ihr Leben hier auf der Erde ist nun vorüber
Doch ihre Liebe und ihr Lachen enden nie

Ihre Freundlichkeit bleibt uns in Erinnerung
Ihr großzügiger und selbstloser Charakter
Ihre süße, sanfte Stimme ist nun nicht mehr
Doch ihre Liebe und ihr Lachen enden nie

99

Sie kümmerte sich mit Weisheit um ihre Kinder
Wir hörten niemals, dass sie sich beklagte
Die Kinder werden die Geschichten, die sie erzählte, missen
Doch ihre Liebe und ihr Lachen enden nie

Jede ihrer Mahlzeiten war ein Fest
Auch wenn es nur Toast und Tee gab
Wir werden ihre Torten und Waffeln nicht vergessen
Und ihre Liebe und ihr Lachen vergessen wir nie

Sie lebte wie die Frau in den Sprüchen
Und arbeitete gern mit ihren Händen
Ihre Nähmaschine ist nun verstummt
Doch ihre Liebe und ihr Lachen verstummen nie

Es gibt noch viel, was man über Nana sagen könnte
Wie sie mit den Kindern im Schnee spielte
Doch wie die Blumen, so verblassen auch die Erinnerungen
Doch ihre Liebe und ihr Lachen verblassen nie

Wir sind dankbar für alles, was sie uns lehrte
Ihr Leben war ein fruchtbarer Baum
Ihr Glaube, ihre Hoffnung und ihr Mut war ein Schatz
Doch ihre Liebe und ihr Lachen enden nie

Sie liebt und lacht nun in der Herrlichkeit
Jetzt da sie zu Hause bei ihrem König ist
Wir können nichts in den Himmel mitnehmen
Doch ihre Liebe und ihr Lachen enden nie

Eine Freundin der Familie, Shirley Cooman, las ein paar kurze Worte von jedem der zehn Enkelkinder vor. Die sechsjährige Kara fasste sich kurz. Sie schrieb nur acht Worte auf: „Ich wünschte, du wärest erst nächste Ostern gestorben."

DURCHS FINSTERE TAL

Vater war erstaunlich tapfer in seiner Trauer. Er vermisste Mutter sehr, aber anstatt sich in Selbstmitleid zurückzuziehen, kümmerte er sich um die Enkelkinder und machte Dinge mit ihnen, die Nana sonst immer mit ihnen unternommen hatte - er führte sie einzeln zum Frühstück aus, ging zu ihren Konzerten, zu ihren Baseball- und Fußballspielen und ließ sie sogar bei sich in seiner Wohnung übernachten!

Er drückte oft in Briefen und Gedichten aus, wie sehr ihm die Enkelkinder am Herzen lagen. Als er fast 80 war, schrieb er „Eine Würdigung unseres Sohnes Ken":

From Bensheim in West Germany in 1955
I drove our car to Darmstadt without a front-wheel drive

To reach our goal - the hospital - driving through slush and snow and cold
In order to deliver what was more precious far than gold

My own Maureen, then great with child, weary, tired, and worn
Anxiously awaiting our fifth child to be born

Now in a foreign country her heart was strangely stirred
She had studied French in high school; German she had never heard

Anxiety was soon forgotten when the doctor said with joy
I'm happy to announce to you: you have a baby boy

One person was especially glad almost more than Mother
It was John who earnestly had prayed that he might have a brother

He wanted him to grow up fast with pants made out of leather
In weather, though oft overcast, they then could play together

We decided to call our baby Ken in memory of Ken Robins
Who to me so often had been a help in solving problems

When not quite two years old one day to demonstrate his skill
Ken walked back and forth on second floor outside on window sill!

While gasping neighbors passing by were shocked at what they saw
His mother's heart, near petrified, could only stare in awe

But faithful Barbara MacLeod got up there just in time
To snatch him near the baby crib from where he'd made his climb

While speeding with his tricycle not really all his fault
He ran into a drainage trap and came to a sudden halt

Less two front teeth we picked him up: cause for concern and prayer
He looked for many days that followed like a swollen little bear

When Wilhelm left for mission work and determined there to stay
He left his motor bike with us to sell or give away

There seemed to be no interest in a motorbike that old
When no one took it as a gift, it was, of course, not sold

When coming home from school one day, we watched a soap-box race
An idea flashed through our minds, a thought not hard to trace

101

The dump near by - not far away - supplied us all we needed
It wasn't too long after that we had indeed succeeded

The frame, some six feet in length, the wheelbase four feet wide
Old scooter wheels in front, rears from the bike, gave Kenneth quite a ride

To watch his trial run one day had gathered quite a crowd
Upon his return, his face revealed that he was rather proud

As ophthalmologist today he's usually very busy
Time to relax is racing cars . . . to watch then makes one dizzy

In a qualifying race one day it was really quite a feat
With windshield smashed and injured nose, wild turkeys on his seat

Reminiscing now of days gone by how could we ever forget
Our early strolls together and your baby rabbit pet

When long before the break of day just you and I would stroll
To nearby woods, watch ducks and deer, or hear the cuckoo call

Some say that the cuckoo bird is often hard to see
We watched them, some on nearby shrubs and at times on towering tree.

Of the many varied memories one has forever stuck
When you on that frosty morning sneaked up on a full-grown buck

When head and horns would disappear to get a bit more to eat
As quietly as possible you'd sneak a few more feet

Until you were just yards away it gave me quite a scare
When with a funny noise the deer jumped high into the air

He stomped his foot on frozen ground re-echoing far and near
Then with long jumps he disappeared to join the other deer

Remember on that Easter morn, holidays had just begun
A service with our family at the rising of the sun

A lack of fear was manifest in a variety of ways
A Tarzan jump to the unknown caused you to limp for days

Vacations spent in Italy on the Adriatic Sea
In six feet of nice warm water the bottom you could see
Building castles on the beach with moats and towers all of sand
Or catching trout from babbling brooks just with your own bare hand

How precious are those memories of helping Mother bake
Those delicious chocolate cookies or her famous Whacky Cake

Her specialty was waffles in shape of Valentine hearts
Enjoyed by all who ate them like her tasty coconut tarts

How comforting it was to know that God does love us still
Even when we were all informed that Mother was so ill

Your support to me meant more than I can ever tell
When health conditions clearly showed her case was terminal

When Mother expressed her own desire to fight cancer another way
You accompanied her to Germany almost the following day

When soon it became evident nothing further could be done
We all took care of her right here until God took her home

The bunny rabbits she had made with tiny stitches fine
Were presented to each grandchild as they filed by in line

Each gave a kiss to Nana with a teardrop in each eye
They really meant "Auf Wiederseh'n" by saying their goodbye

The next day was Easter Monday before the rising of the sun
Her earthly race had ended; her Master said "Well done."

To you and my whole family, whatever may be your ranks
I want to express to God and you my deepest, heartfelt thanks.

[Übersetzung]
1955 fuhr ich unser Auto von Bensheim in Westdeutschland
Nach Darmstadt ohne Frontantrieb

Um das Krankenhaus zu erreichen, fuhr ich durch Matsch, Schnee und Kälte
Um etwas weit Wertvolleres als Gold, in die Welt zu bringen

Meine Maureen war hochschwanger, erschöpft, müde und ausgelaugt
Nervös erwarteten wir die Geburt unseres fünften Kindes

In einem fremden Land bewegte diese Geburt ihr Herz auf seltsame Weise
Sie hatte Französisch in der Schule gelernt; Deutsch sprach sie nicht

Die Anspannung war schnell vergessen, als der Arzt mit Freude sagte
Ich freue mich, Ihnen mitzuteilen: Sie haben einen Jungen

Eine Person war besonders froh, fast noch mehr als Mutter
Nämlich John, der inständig dafür gebetet hatte, einen Bruder zu bekommen

Er wollte, dass er schnell aufwächst mit Hosen aus Leder
Dann könnten sie zusammen draußen spielen auch wenn es oft bewölkt war

Wir gaben unserem Baby den Namen Ken, im Gedenken an Ken Robins
Der mir so oft bei Problemen eine Hilfe war

Als er noch nicht ganz zwei war, stellte er seine Fähigkeiten zur Schau
Unser Ken balancierte auf dem Fensterbrett im Obergeschoss!

Entsetzte Nachbarn beobachteten das Ereignis voller Schrecken
Seine Mutter, fast wie gelähmt, konnte nur staunend zusehen

Doch die gute Barbara MacLeod erreichte ihn noch zur rechten Zeit
Packte ihn nahe der Babywiege, von wo aus er zum Fenster geklettert war

Als er mit seinem Dreirad durch die Gegend raste, war es nicht allein seine Schuld
Dass seine Fahrt in einer Abwassergrube ein abruptes Ende fand

Wir halfen ihm aus der Grube, ihm fehlten beide Vorderzähne: Anlass zu Sorge
und Gebet
Für die nächsten Tage sah er wie ein kleiner angeschwollener Bär aus

Als Wilhelm fort ging in die Mission und sich entschloss dort zu bleiben
Gab er uns sein Motorrad; wir sollten es verkaufen oder verschenken

Es hatte jedoch niemand Interesse an diesem alten Motorrad
Niemand wollte es kaufen, und wir konnten es nicht weiterverschenken

Als Ken eines Tages von der Schule kam, sahen wir bei einem Seifenkistenrennen
zu Als wir dieses Rennen sahen, kam uns eine Idee in den Sinn

Die nahgelegene Müllhalde - unweit entfernt - hatte alles, was wir brauchten
Und bald schon hatten wir es geschafft

Der Rahmen, knapp 2 Meter lang, die Achsen etwas mehr als einen Meter breit
Alte Rollerreifen vorne, die Hinterreifen von einem Fahrrad, für Ken war es ein
tolles Gefährt

Eine beträchtliche Menschenmenge versammelte sich für die Jungfernfahrt
Bei seiner Wiederkehr sah man den Stolz in seinem Gesicht

Als Augenarzt ist er heute für gewöhnlich sehr beschäftigt
Zur Entspannung nimmt er an schwindelerregenden Rennen teil

In einem Qualifikationsrennen leistete er einmal Großes
Mit eingeschlagener Windschutzscheibe, verletzter Nase und wilden Truthähnen
auf dem Sitz

Da wir gerade in Erinnerung schwelgen, wie könnten wir
Unsere frühmorgendlichen Spaziergänge und deinen zahmen Hasen vergessen

Als nur wir beide lange vor Sonnenaufgang zusammen spazierten
Im nahgelegenem Wald, um Enten und Rehe zu beobachten oder den Kuckuckruf
zu hören

Man sagt, dass der Kuckuck nur selten zu sehen sei
Doch wir sahen ihn bei einem nahegelegenen Busch und manchmal hoch im Baum

Von den vielen Erinnerungen bleibt mir eine ganz besonders im Gedächtnis
Als du an diesem frostigen Morgen dich an einen ausgewachsenen Bock anschlichst

Wenn Haupt und Hörner sich zum Grasen neigten
Nähertest du dich so still wie möglich Schritt für Schritt

Als du ganz nah warst, war ich durchaus besorgt
Denn der Rehbock sprang mit einem seltsamen Laut hoch in die Luft

Er stampfte mit seinen Hufen auf den gefrorenen Boden, das Echo erschallte nah
und fern
Mit zwei langen Sprüngen war er fort, vereint mit dem Rest des Rudels

Erinnerst du dich an den Ostermorgen, die Urlaubstage hatten gerade begonnen
Da hielt unsere Familie einen Gottesdienst bei Sonnenaufgang

Du hattest vor nichts Angst, und wir spürten dies auf vielerlei Weise
Nach einem Tarzansprung ins Ungewisse humpeltest du noch mehrere Tage
danach

Urlaub in Italien am Adriatischen Meer
In knapp zwei Meter wunderbarem, warmem Wasser sahen wir bis auf den Grund

Sandburgen bauen am Strand mit Gräben und Türmen
Oder Forellen mit nackter Hand aus plätschernden Flüssen fangen

Wie kostbar sind doch die Erinnerungen, wie du Mutter beim Backen halfst
Diese köstlichen Schokoladenkekse oder ihren berühmten Whacky Cake

Waffeln in der Form von Valentinsherzen waren ihre Spezialität
Sie schmeckten allen, die sie aßen, genau wie ihre leckeren Kokosnusstorten
Wie tröstlich ist es doch zu wissen, dass Gott uns weiterhin liebt
Selbst als Mutter so plötzlich erkrankte

Deine Unterstützung hat mir mehr bedeutet, als dass ich es beschreiben könnte
Denn schon bald war klar, sie ist im Endstadium, ihr Zustand bessert sich nicht

Als Mutter sagte, sie wolle den Krebs auf andere Weise bekämpfen
Hast du sie fast schon am nächsten Tag nach Deutschland begleitet

Dann erfuhren wir, dass man nichts mehr für sie tun konnte
Und wir kümmerten uns um sie, bis Gott sie zu sich nahm

Als die Enkelkinder aufgereiht an ihrem Bett standen
Gab sie jedem Enkelkind einen Hasen, mit feinen Nähten genäht

Mit Tränen in den Augen gaben sie Nana einen Kuss
Anstatt sich zu verabschieden, sagten sie „Auf Wiedersehen"

Am nächsten Tag war Ostermontag und noch bevor die Sonne aufging
Fand ihr Kampf hier auf Erden sein Ende; ihr Meister sagte „Recht so, gut gemacht."

Dir, meiner ganzen Familie und Gott
Möchte ich aufrichtig und von Herzen danken.

Ein paar Monate nach Mutters Beerdigung begleitete meine Schwester Sharon meinen Vater auf eine unvergessliche Reise nach New Brunswick. Er wollte dort Freunde besuchen, die uns über die Jahre unterstützt hatten. Diese Reise sollte auch für Vater zu einer Abschiedsreise werden.

KAPITEL 12

VATERS LETZTER KAMPF

Vater wurde ein Jahr nach dem Tod von Mutter mit der härtesten gesundheitlichen Herausforderung seines Lebens konfrontiert - am 7. November erlitt er einen schweren Schlaganfall, der sein Sprachvermögen beeinträchtigte und die rechte Seite seines Körpers lähmte. Die Veränderung kam von einem Tag auf den anderen; am Tag zuvor war er noch vollkommen unabhängig, danach völlig auf die Pflege anderer angewiesen. Nach Wochen mit Ergo-, Physio-, und Sprachtherapie, benötigte er immer noch Vollzeitpflege und bekam einen Platz in einem Pflegeheim. Das Frustriendste für Vater war, nicht mehr sprechen zu können. Für jemanden, der sein gesamtes Leben mit Sprechen, Singen und Predigen verbracht hat, war diese Einschränkung ein schwerer Lebenseinschnitt. Einmal als er am Bettrand saß, spürte ich seine Frustration und Hilflosigkeit und fragte ihn: „Vati, kannst du summen?" Er war sich nicht sicher, zuckte mit den Schultern und blickte mich mit fragenden Augen an; dann probierte er es. Nach den ersten zaghaften Tönen, erkannte ich die Melodie. Ich stimmte mit ein und sang die Worte, während er summte. "Take the name of Jesus with you, child of sorrow and of woe . . . Precious Name, O how sweet, hope of earth and joy of heaven." [Nimm den Namen Jesu mit dir, Kind von Trauer und Leid . . . O wie lieblich ist sein kostbarer Name, Hoffnung der Erde und Freude des Himmels] Wir weinten beide, als wir unser Duett beendeten, und ich küsste ihn auf die Wange. Mir war bewusst, dass ich soeben an einem heiligen Einsegnungsgottesdienst teilgenommen hatte. Mit diesem Lied hatte mich Vater aufgefordert, sein Vermächtnis weiterzuführen und den Namen Jesu in die Welt hinauszutragen.

Mehr Sprachtherapie brachte kleine Fortschritte. Vater begann sogar mit dem Therapeuten zu scherzen. Sie zeigte ihm Bilder ohne Worte wie zum Beispiel „Geld", und er sagte: „Hab' keins!" Einmal machte sie eine Bemerkung über eine kleine Wunde, die Vater an seinem Kopf hatte. Vater sagte: „Dann hättest du mal den anderen sehen sollen!"

Doch schlussendlich nahmen Vaters Sprachfähigkeit und körperlichen Kräfte mehr und mehr ab. Er war an den Rollstuhl gefesselt und konnte seinen rechten Arm nicht bewegen. Ich erinnere mich, wie er in Predigten gesagt hatte, dass er am liebsten bis ins hohe Alter aktiv sein würde. Er wollte weiterpredigen, bis Gott ihn zu sich nahm. Doch der Herr hatte andere Pläne für Vaters letzte Tage. Am Ende hatte er so viel verloren: die Frau, die ihn unterstützte, und die knapp 48 Jahre lang die Freude seines Lebens war, seinen materiellen Besitz, seine Gesundheit, seine Unabhängigkeit, seine Mobilität und seine Sprachfähigkeit. Doch selbst in diesem arg eingeschränkten körperlichen Zustand und trotz gelegentlicher Entmutigung hatte Vater noch weitere sieben Jahre lang einen wirksamen und einflussreichen Dienst.

Die Gnade, die sein Leben prägte, floss immer noch von ihm zu anderen. Bis zuletzt konnte er das Wort „Danke" sagen. Und er verlor niemals seinen höflichen Charme. Wenn wir ihn an den Damen im Foyer vorbeischoben, um draußen einen Spaziergang zu machen, tippte er immer galant den Hut.

Vor seinem Schlaganfall war Vater dafür bekannt, seinen Familienmitgliedern und Freunden an ihrem Geburtstag mit einem Gratulationsanruf eine Freude zu machen. Er spielte dann „Happy Birthday" auf seiner Mundharmonika. Einmal, während einer der fast schon täglichen Besuche meiner Schwester, bemerkte sie, dass die Mundharmonika ungenutzt in einer Schublade lag. Sie nahm sie in die Hand und fragte: „Vati, willst du es probieren?" Er schüttelte zuerst den Kopf, doch dann nahm er sie in seine noch heile Hand. Er sah unsicher aus. Seine blauen Augen waren auf Darlenes Gesicht fixiert, als er probierte ein paar Noten zu spielen. Mit etwas Ermutigung und Beharrlichkeit brachte er erneut das Lied hervor. Und die Geburtstagsanrufe gingen weiter und waren für viele eine Überraschung und ein Segen!

Vaters lebenslange Freunde unterstützten ihn mit Briefen und Gebet. Er hatte ihnen immer regelmäßig geschrieben, und so schrieb ich an seiner Statt nun einen Rundbrief:

27. Januar 1997:
Liebe Freunde von Vater Parschauer,
Viele von euch beten für ihn, und ihr fragt euch sicherlich, wie es ihm geht. Die Fürsorge, die ihr in euren Briefen und Karten ausdrückt, hat uns tief bewegt. Es ist mehr als drei Jahre her, seit Vater einen Schlaganfall erlitt, der ihn lähmte und seine Sprachfähigkeit stark einschränkte, doch ich kann euch versichern, dass dieser alte Soldat weiterhin den guten Kampf kämpft! Sein Verstand ist wach und sein Geist lebendig.
Vor kurzem las ich ihm die ersten beiden Kapitel des Buches Daniel aus seiner eigenen abgenutzten Bibel vor. Eine Stelle im 2. Kapitel löste bei ihm starke Emotionen aus; er hatte den Vers sorgfältig unterstrichen:
„Gelobt sei der Name Gottes von Ewigkeit zu Ewigkeit! denn sein ist beides, Weisheit und Stärke. Er ändert Zeit und Stunde; er setzt Könige ab und setzt Könige ein; er gibt den Weisen ihre Weisheit und den Verständigen ihren Verstand; er offenbart, was tief und verborgen ist; er weiß, was in der Finsternis liegt, denn bei ihm ist eitel Licht. Ich danke dir und lobe dich, Gott meiner Väter [...]."

Tiefe und verborgene Dinge, Finsternis . . . gewiss. Und diese Dinge sind qualvoll, wie die Gehirnerschütterung, die er bei einem Sturz erlitt, das stetige Angewiesensein auf die Hilfe der Pfleger, wenn er erst vom Bett und dann zum Rollstuhl bewegt werden muss, um zur Toilette gehen zu können, der Frust, sich nicht ausdrücken zu können. Doch auch Licht! Vater ist weiterhin für alle ein großer Segen!

Wenn wir diesen „Patriarchen" im Rollstuhl in die Gemeinde schieben, dann sind die Menschen immer noch von ihm wie von einem Magneten angezogen . . . ganz besonders die Kinder, die ihn mit „Hi Bompa" grüßen und seine ausgestreckte noch heile Hand schütteln. Dank Vater haben wir ein ganzes Netzwerk an Beziehungen zu Pflegern, Krankenschwestern, Ärzten, Therapeuten und Bewohnern; viele von ihnen haben auch bereits die „Chapel" besucht und sind zu den Weihnachtsveranstaltungen gekommen, die von der Gemeinde gesponsert werden. Meine Klavierschüler haben ihre Weihnachtsaufführung im Pflegeheim meines Vaters veranstaltet und geholfen, dort den Weihnachtsbaum zu schmücken.

Vor kurzem verstarb ein Bewohner im Zimmer gegenüber und die Familienmitglieder fragten, ob unsere Familie den Gedenkgottesdienst leiten könne. Der Saal im Pflegeheim war mit über 100 Leuten angefüllt. Darlene, Sonja (unsere Tochter) und ich sangen. Bill predigte. John Jr. betete und seine Frau Beverly spielte Klavier. Vater verkündigte Jesus durch seine Tränen.

Vater hat fast täglich Umgang mit Familie und Freunden. Essen ist eine von Vaters größten Freuden! Die Taille liefert den Beweis dafür. Daher gehen wir gerne zum Essen aus. Er isst sehr sorgfältig mit seiner linken Hand. Auch nimmt er an fast jeder Familienfeier teil. Bei unserem Treffen am Erntedankfest spielte Vater sogar Rook mit ein wenig Hilfe von Darlene! Vier seiner fünf Kinder wohnen ganz in der Nähe: John und Ken sind angesehene Augenärzte im Parschauer Augenzentrum. Darlene ist die Frau des Pastors Bill Schroeder und leitet den Lobpreis in der „Chapel in Sandusky", die im Durchschnitt über 400 Gemeindebesucher hat, und Bill und ich teilen unsere Zeit zwischen Diensten für Crescendo Ministries und für die „Chapel"-Gemeinde auf. Sharon und ihr Mann, David Harder, ein Geschäftsmann in Schroon Lake im Staat New York, kommen so oft sie können zu Besuch. Vier der zehn Enkelkinder studieren nun an der Universität. Fünf von ihnen haben die Urbana Missionskonferenz mit insgesamt 20.000 anderen Studenten besucht, und dies war für Vaters Missionsherz eine besondere Freude!

Es gab einige Besuche von Freunden aus Deutschland, die ein Highlight waren: Doyle Klaassen, der als Nachfolger Vaters nun Direktor der Bibelschule Brake ist; Maria Ehrhard, die als Sekretärin 20 Jahre für Vater arbeitete, die Timblins aus Brake; das deutsche Wort des Lebens - Quartett; „Tante" Barb MacLeod; Absolventen der deutschen und kanadischen Bibelschulen . . . .

Ich mache mich jetzt auf den Weg, um Vater zu besuchen. Wahrscheinlich finde ich ihn im Foyer. Er sitzt dort oft nah am warmen Kamin. Wenn ich durch die selbstöffnende Tür gehe, pfeife ich unseren Familienpfeifton, und dann hebt er seinen Kopf und lächelt zufrieden. Wir lesen zusammen oder machen ein Spiel oder zitieren Bibelverse (er ergänzt dann einzelne Worte, die ich auslasse), und dann besuchen wir manchmal einen seiner Freunde in einem der *anderen Zimmer. Wenn ich gehe, begleitet er mich zum Foyer, küsst meine Hand und sagt „Danke", eines der wenigen Worte, die er noch aussprechen kann. Ich umarme ihn. Dann folgt unser Ritual; er bleibt am großen Fenster und winkt mit seinem weißen Stofftaschentuch, während ich langsam unter dem Vorbau vorbeifahre und seinen Gruß erwidere.*

Ich hoffe, dass ihr in diesem Bericht auch Vaters „Danke" für eure Gebete und Gemeinschaft hört. Bald wird sein Rollstuhl leer sein und verkauft werden. Sein Saxophon wird zusammen mit der himmlischen Trompete ertönen, und wir werden alle die Ewigkeit miteinander verbringen. . . .

Den Namen Jesu lobend,
Donna

In Vaters letzten Tagen hielt unsere Familie ständig Wache. Wir versuchten, es ihm so bequem wie möglich zu machen. Manchmal lasen wir ihm vor und manchmal sangen wir als Familie an seinem Bett. Krankenschwestern, Pfleger und Bewohner kamen in sein Zimmer, um sich zu verabschieden. Eine Pflegerin wiederholte immer wieder: „John hat mein Leben verändert, John hat mein Leben verändert." Sie war von ihrem eigenen Vater missbraucht worden und fand in Vater eine einfühlsame Vaterfigur, die sie nie hatte. Sie sagte uns, dass sie manchmal einfach nur in seinem Zimmer stand und die friedliche Atmosphäre in sich aufnahm. Es gab noch viele andere, die Dankesbriefe an Vater schrieben und erzählten, wie er ihr Leben berührt hatte. Ein Brief von einer Frau im christlichen Dienst war besonders ergreifend:

Lieber Herr Parschauer,
…Meine Erinnerungen an die Zeit mit Ihnen und Ihrer Familie sind mir sehr kostbar. Jede Erinnerung an Sie und Maureen hüte ich wie einen Schatz. Wie Sie so großzügig Ihr Heim für andere geöffnet haben…Ihre Besucher fühlten sich wie Adlige, selbst wenn es nur eine einfache Tasse Tee gab…wie Sie anderen zugehört und sich aufrichtig um sie gesorgt habt…nun ja, Worte können den Einfluss, den Sie auf andere Menschen gehabt haben, nicht recht wiedergeben. Über die Jahre wurde ich gefragt, wer meine Mentoren gewesen sind. (Oft kam die Frage in der Form: „Wer möchtest du sein, wenn du älter bist?") Meine Antwort war immer: „John und Maureen Parschauer". In schweren Zeiten, wenn ich mühsam ein Tal durchwanderte, dann hätte ich leicht verzweifeln und Gottes Hilfe in Frage stellen können. Doch Ihre Gesichter kamen mir immer wieder vor Augen. Ich konnte dem liebevollen Herzen Gottes nicht widersprechen, da ich ihn so lebendig in Ihren Augen, Händen und Herzen erlebt hatte. Ohne es zu wissen, haben Sie Ihr Vermächtnis an mich weitergegeben. Durch Sie beide ist die ermutigende Kraft Christi für mich real geworden. Ich bin nun immer freudig dabei, das Herz Gottes an andere weiterzugeben. Ich weiß, dass es lebensverändernd sein wird,

da ich bereits so viel aus Ihren Herzen empfangen habe.
Also, ich möchte, dass Sie wissen, dass Ihr geistlicher Wandel in
anderen auf vielerlei Weise weiterlebt. Vor Jahren als ich mich mit
Donna zum Tee traf, erzählte sie mir eine Geschichte, die sich ereig-
nete, als sie fünf war. Donna saß mit Sharon in der ersten Reihe in
einer Gemeinde in Deutschland, während Sie, John, predigten. Mit-
ten in der Predigt sahen Sie zu ihr und merkten, dass sie müde war.
Anstatt mit der Predigt weiterzumachen, haben Sie sich von der
Kanzel entschuldigt, sind zu ihr gegangen und haben ihr geholfen,
es sich auf der Kirchenbank bequem zu machen, damit sie ein wenig
schlafen konnte. Sie deckten sie mit Ihrem Jackett zu, bevor Sie die
Predigt fortsetzten. Ich weiß nicht mehr, über welchen Text Sie an
diesem Abend sprachen, doch ich bin mir sicher, dass die Zuhörer an
diesem Abend eine Botschaft mit nach Hause nahmen. Seit Jahren
habe ich diese Geschichte anderen weitererzählt. Sie beschreibt auf
so wunderbare Weise das Wesen unseres himmlischen Vaters. An-
hand dieser Geschichte wird deutlich, wie sehr der himmlische Vater
seine Kinder schätzt, dass er weiß, wenn wir zu schwach sind, um
alleine zu gehen. In dieser Geschichte lernen wir einen Gott kennen,
der nicht dermaßen mit „großen, wichtigen" Dingen beschäftigt ist,
dass er vergisst, sich auf jedes einzelne seiner Kinder zu konzentrie-
ren...
Wie soll ich beginnen, Ihnen davon zu erzählen, auf welch mächtige
Weise Gott Ihr Vorbild in meinem Leben gebraucht hat. Ihr Wan-
del als Vater hat anderen erlaubt, sich zum allerersten Mal in ihren
himmlischen Vater zu verlieben. Viele Jahre lang konnte ich diese
Geschichte nicht an andere weitergeben, ohne dass mir die Tränen
kamen und ich nicht mehr weiterreden konnte. Ich schätze, wir ha-
ben alle unsere emotionalen Narben...Daher hat Ihr Leben mich so
sehr berührt...

Vater stand immer früh morgens zusammen mit den Vögeln auf, um sich
mit Gott zu treffen. Daher war es passend, dass am Donnerstag, dem 1.
Juni 2000, als die Vögel im Morgengrauen zur Ehre Gottes sangen, Vater
erneut den Herrn Jesus traf, diesmal von Angesicht zu Angesicht. Ich bin
mir sicher, dass eine kleine irische Dame mit einer Tasse Kaffee auf ihn
wartete.
Die Beerdigung war eine wunderbare Feier zur Ehre Gottes. Wir feierten
Gottes Treue im Leben eines Mannes, der seinen Lebenskampf mit einem
seltenen Maß an Integrität und Gnade beendet hat. Doyle Klaassen reiste
erneut mit seiner Frau Lucille an. Sie kamen noch rechtzeitig, um an der
Bettseite Vaters zu sein, bevor er verstarb. Bei der Beerdigung ehrte Doyle
auf eloquente Weise Vater. Er fasste seinen Dienst zusammen und gab ein
sehr treffendes Bild von ihm:

Aus tiefstem Herzen möchten Lucille und ich euch, liebe Familie
Parschauer, in eurer Trauer um euren Vater und Großvater unser

herzliches Beileid aussprechen. Und gleichzeitig freuen wir uns mit euch, dass er nun im Himmel bei Jesus ist, der ihm seine Sünden vergab und ewiges Leben schenkte. Er ist auch mit allen vereint, die wie er im Vertrauen auf Jesus starben, insbesondere mit eurer Mutter, mit Nana. Jetzt kann er seine rechte Hand wieder benutzen, gehen, pfeifen und sprechen. Dies ist ein Tag zum Feiern, zum laut Jubeln, wie wir es bei den letztwöchigen Wettkämpfen taten, als die Sandusky Jungs ein so gutes Rennen lieferten und Johns Enkel Ryan im Weitsprung gewann. Wir sollten an diesem Tag unsere Hüte in die Luft werfen und glücklich feiern.

Heute stehe ich hier als Stellvertreter für tausende von Menschen in Deutschland, die Herrn Parschauer kannten, respektierten und liebten. Lasst mich bitte einen Satz an seine fünf Kinder in der Sprache ihrer Kindheit richten: Gnade sei mit euch und Friede von Gott unserem Vater und von dem Herrn Jesus Christus.

Nachdem John und Maureen Parschauer den Ruf Gottes vernahmen, war Deutschland knapp ein Vierteljahrhundert lang ihr Zuhause. Nicht allzu lange nach dem zweiten Weltkrieg, im Jahr 1949, versammelten sich viele christliche Leiter zum Kongress für Weltevangelisation, der in der Schweiz abgehalten wurde. Ihre Vision war es, das Evangelium bis ans Ende der Welt zu tragen. Der bekannteste unter den Teilnehmern war wohl der Jugend für Christus - Evangelist Billy Graham, aber auch der Mann, an den wir uns heute ganz besonders erinnern. Dort und auch während eines weiteren Sommereinsatzes in Europa wurde im Herzen von John Parschauer die Vision für eine Bibelschule im vom Krieg zerrissenen Deutschland geboren. 1954 setzte die Parschauer Familie per Schiff nach Europa über. Unter der Schirmherrschaft der Greater Europe Mission gründete John ein Bibelinstitut, das bis heute unter dem Segen Gottes steht und gute Arbeit leistet, das BibelSeminar Königsfeld. Dann im Jahre 1959 gründeten er und Maureen zusammen mit ihren kanadischen Landsleuten Ernie und Erma Klassen und dem Schweizer Heinz Weber - später kam seine Frau Irmgard hinzu - eine weitere Schule, die als Bibelschule Brake bekannt werden sollte. Fast 20 Jahre lang leitete John Parschauer diese Schule. Er konnte damals nicht wissen, dass diese Ausbildungsstätte einmal die größte ihrer Art, nicht nur in Deutschland, sondern in ganz Europa, werden sollte.

John Parschauer hatte eine Leidenschaft für Weltmission. Er wollte allen Menschen weitersagen, dass Jesus, der Sohn Gottes, starb und wieder auferstand, um allen, die an ihn glauben, das Seelenheil zu schenken. Heute tragen Absolventen der Bibelschule Brake als Missionare diese herrliche Botschaft der lebendigen Hoffnung in 65 verschiedene Länder der Welt. John war außerdem der hauptsächliche Initiator der englischsprachigen „Intermissions Conference", die jährlich für eine Woche hunderte von Missionaren für eine Woche zusammenbringt, um Gemeinschaft miteinander zu haben und auf Gottes Wort zu hören. Es war sogar noch bedeutender, meine ich, dass er bei der Gründung einer Konferenz für deutschsprachige, bibeltreue theologische Ausbildungsstätten mitwirkte, an deren Tagungen heute Vertreter von mehr als 30 Schulen teilnehmen.

Als Bruder Parschauers Nachfolger an der Bibelschule Brake weiß ich aus erster Hand, dass John großes Ansehen unter christlichen Leitern genoss und dass viele seiner ehemaligen Schüler ihn zutiefst wertschätzen und respektieren.

Ich erzähle dies euch, die ihr hier den Gottesdienst in der „Chapel" besucht, da ihr John in den letzten sieben Jahren nur als pietätvollen, weißhaarigen Invaliden im Rollstuhl kanntet, der kaum sprechen konnte, aber trotzdem eine fast unerklärliche Anziehungskraft auf junge und alte Leute hatte, und der in dieser Zeit vielen ohne Worte den Weg zu Christus, ihrem Retter, wies.

Lasst mich einige meiner Lieblingserinnerungen an John Parschauer mit euch teilen. Ich kannte ihn ungefähr 45 Jahre und durfte unter seiner Leitung persönlich als Christ und im Dienst wachsen und lernen.

John hatte große Freude am Kartenspiel „Rook". Ich sehe ihn jetzt noch vor mir, wie er still vor sich hin pfiff und, selbst wenn er kein gutes Blatt hatte, es irgendwie schaffte, die gebotene Punktzahl zu erreichen, um dann als schmunzelnder Gewinner des Abends hervorzugehen.

Ich sehe ihn auch noch vor mir, wie er in Sommersell auf dem gefrorenen Teich im Winter Schlittschuh lief und so geschickt mit dem Hockeyschläger hantierte, dass Erinnerungen an Fähigkeiten früherer Tage wach wurden.

Oder: Einmal ließen Lucille und ich den bereits 80-jährigen John, der zu Besuch in Brake war, bei unseren jüngsten Teenagern und baten ihn, in der Abendandacht seine Lebensgeschichte zu erzählen. Wir mussten währenddessen zu einer Verabredung. Am nächsten Morgen berichtete Denise: „Herr Parschauer hat fast eine ganze Stunde geredet, aber, Dad, es war gar nicht langweilig."

In meiner nächsten Erinnerung bin ich noch ein lediger Mitarbeiter in den sechziger Jahren. Ich erhielt einen Anruf aus Kanada, in dem man mir mitteilte, dass mein Vater im Krankenhaus liegt. Mitten in meinen Sorgen höre ich plötzlich dieses unverwechselbare Klopfen an der Tür. Die Parschauers. Sie kamen ins Zimmer und nahmen Anteil an meiner Not. Die Krankenschwester Maureen konnte mich mit ihrem medizinischen Fachwissen beruhigen. Dann hielten wir uns an der Hand, während John im Gebet meine Sorgen dem Herrn vortrug.

Uns an der Hand halten und beten. Das taten wir ständig bei Parschauers. Wenn wir einen Besuch bei ihnen in Sommersell beendeten und bereits unsere Mäntel anhatten, dann fassten wir die Hände der Gastgeber links und rechts und betete noch zum Abschied. John war nie weit von dem Herrn weg, vor dem er aufrichtig und demütig und ganz natürlich lebte, denn er vertraute ihm ohne Vorbehalt.

Wenn ich von meiner jetzigen Perspektive aus an John Parschauer zurückdenke, fallen mir spontan drei Dinge ein, die ihn charakterisierten: Zuerst sein tiefgehender Glaube an Christus. Für Leute, die meinen, dass ein Mensch wie er wohl ganz automatisch in den Himmel komme, muss ich an seiner Statt protestieren. John wusste, dass er die Gnade Gottes nötig hatte. Ich erinnere mich, wie wir einmal bei uns im Wohnzimmer kniend beteten - nur er und ich. Wir spürten ein tiefes Bedürfnis, erneut die Zusage von Gott zu bekommen, dass das Blut Jesu Christi uns von aller Sünde gereinigt hatte. Zum anderen waren Menschen für John sehr wichtig. Er hatte ein tiefes Interesse am Leben anderer. Für ihn war keiner bloß eine Nummer. Er behandelte alle mit Würde und Respekt. Vor kurzem traf ich einen Mann, der sich an Ereignisse vor mehr als 30 Jahren erinnerte. Ihm waren noch ganze Unterhaltungen im Gedächtnis geblieben, in denen sich ein beschäftigter Direktor Zeit nahm, das Evangelium in einer solch klaren Weise zu erklären, dass er sich noch heute daran erinnern konnte.

Seine Demut fiel besonders denjenigen auf, die John ganz privat kannten. Unter den hunderten von Missionaren in Europa, die ich im Laufe von 35 Jahren kennenlernte, haben wenige, vom menschlichen Standpunkt aus betrachtet, einen so effektiven Dienst gehabt, wie es bei John Parschauer der Fall war. Für viele wurde er bald zu einer Legende. Als wir einmal an unserer Garagentür standen und rückblickend über seinen langjährigen Dienst sprachen, für den ich ihn bewunderte, meinte er trocken: „Ich habe mich immer mehr oder weniger durchgemogelt." Damit sprach er nicht etwaige Unlauterkeit an, sondern sein Empfinden, dass er sich nie den großen Aufgaben gewachsen fühlte. Eine bessere Erklärung jedoch gibt die Bibel: „Denn Gott widersteht den Hoffärtigen, aber den Demütigen gibt er Gnade." Gottes Gnade ist die Erklärung für das Leben, das wir heute ehren.

Zu guter Letzt möchte ich zwei Bibelverse zitieren. Den ersten hätte John Parschauer selbst schreiben können: „[Da]kam David, der König, und blieb vor dem HERRN und sprach: Wer bin ich, Herr, HERR, und was ist mein Haus, dass du mich bis hierher gebracht hast?" (2. Samuel 7,18)

Und der zweite Vers ist zugleich auch mein Wunsch für uns alle. „Gedenkt an eure Lehrer, die euch das Wort Gottes gesagt haben; ihr Ende schaut an und folgt ihrem Glauben nach. Jesus Christus gestern und heute und derselbe auch in Ewigkeit." (Hebräer 13,7–8)

Es folgten auch andere ergreifende Ehrungen für Vater; eine davon kam von Danny Robins (dem Sohn von Vaters lebenslangem Freund Ken Robins), der mit seiner Frau Lorna die Familie des New Brunswick Bible Institute repräsentierte. Jim Jeffery, ein Pastor aus Grand Rapids, Michigan und jetziger Präsident des Baptist Bible Seminary, sprach stellvertretend für die jungen Männer und Frauen im Dienst, die Vater ermutigt hatte.

Jim sagte, dass Vater ihm vor vielen Jahren den Rat gegeben hatte: „Predige immer zu gebrochenen Herzen, dann wird es dir nie an Zuhörern mangeln."

Sharon, Darlene und ich sangen. Als Sprecherin der Familie erzählte ich dann von den Dingen, für die ich Vater so liebte: sein Pfeifen, seine Naturliebe, die handgemachten Puppenhäuser, Go-Karts, Haustiersärge, Blumenkästen, die Autofahrten bei denen wir anhielten, um Versteck zu spielen, das Singen und die Liebe zur Musik, die er uns lehrte, sein trockener Humor und seinen immensen Vorrat an Wortspielen und Witzen, die wir auswendig kannten, seine Geburtstagsgrüße, die er per Telefon mit Saxophon übermittelte und nach dem Schlaganfall mit der Mundharmonika und seiner noch heilen Hand . . . die vielen Wege, die er fand, um uns seine Liebe zu zeigen.

Per Video spielte Vater bei seiner eigenen Beerdigung! Eine Saxophonaufnahme lief als Begleitmusik für ein Video in Gedenken an sein Leben. Pastor Bill Schroeder spielte sogar eine kurze Aufnahme aus einer seiner Predigten ein, in der Vater anderen das Evangelium erklärte. Als das letzte Gebet am Grab gesprochen war, flog beinahe wie aufs Stichwort eine Gänseschar in Formation im Tiefflug über das Zelt - ein perfekter Luftsalut.

Vater hat im Laufe der Jahre in vielen seiner Briefe ein Kürzel nach seiner Unterschrift hinzugefügt: LFW: "Let's finish well." [Lasst es uns gut zu Ende führen.] Und das hat er auch zweifellos getan.

Und sein Vermächtnis lebt weiter . . . Danke, Bompa.

"When the sun goes below the horizon he is not set; the heavens glow for a full hour after his departure. And when a great and good man sets, the sky of this world is luminous long after he is out of sight. Such a man cannot die out of this world. When he goes he leaves behind him much of himself. Being dead, he speaks." Henry Ward Beecher
"Wenn die Sonne am Horizont untergeht, so ist sie nicht sogleich verschwunden; der Himmel leuchtet noch für eine volle Stunde nach ihrem Untergang. Und wenn ein großer und guter Mensch untergeht, dann leuchtet der Himmel dieser Welt noch lange danach. Ein solcher Mensch kann nicht aus dieser Welt wegsterben. Wenn er geht, bleibt viel von ihm zurück. Er redet noch, obwohl er gestorben ist." Henry Ward Beecher

The Sun Rises and It Sets
By Sonja Gassett
In memory of Bompa,
builder of Bible schools, dollhouses, and my heritage of faith

The sun rises and it sets
When it rises the whole world is a canvas waiting to be painted

Bright colors fill the air
Every life is a sunrise, is a sunset
The sun rises and it sets
When it sets the whole world seems drained of its color
Only blues and grays remain
Every life is a sunrise, is a sunset
And God calls for the righteous
And God carries them home
The sun rises and it sets
When it rises, all heaven, all heaven, all heaven
Is a canvas painted with glory
Never-fading glory

Wie die Sonne aufgeht, so geht sie unter
Von Sonja Gassett
In Gedenken an Bompa
Erbauer von Bibelschulen, Puppenhäusern und meines geistlichen Erbes

Wie die Sonne aufgeht, so geht sie unter
Bei Sonnenaufgang ist die ganze Welt eine Leinwand, die auf den Künstler
wartet
Eine Fülle leuchtender Farben liegt in der Luft

Jedes Leben ist ein Sonnenaufgang, ein Sonnenuntergang

Wie die Sonne aufgeht, so geht sie unter
Wenn sie untergeht, scheint es, als seien alle Farben der Welt trockengelegt
Es bleibt allein ein Blau und Grau zurück

Jedes Leben ist ein Sonnenaufgang, ein Sonnenuntergang

Und Gott ruft die Gerechten
Und Gott trägt sie heim

Wie die Sonne aufgeht, so geht sie unter
Bei Sonnenaufgang ist der weite, weite, weite Himmel
Eine mit Herrlichkeit bemalte Leinwand
Nie verblassende Herrlichkeit

(Aus dem Album "Broken but Beautiful")

Weitere von John und Maureen Parschauer inspirierte Worte
Wenn ich groß und du klein wärst
Von Andrea Schroeder…im Gedenken an Bompa

Ich erinnere mich an einen Tag vor 20 Jahren, als ich die Treppe zum Keller hinunterging, die Treppe, auf der ich so gerne saß und all deine Bücher durchstöberte, die in Regalen an der Wand standen. Sie waren abgegriffen und abgenutzt und schienen mir so wichtig und bedeutend. Ich ging die Treppe zum Büro hinab und schleppte dabei mein eigenes abgegriffenes und bedeutendes Buch: Rainy Day Circus. Obwohl ich das Buch auswendig kannte, liebte ich es, wie die Worte klangen, wenn du es mir vorlast. An jenem Tag hattest du wohl viel zu tun und keine Zeit, mir etwas vorzulesen. Schlussendlich sagte ich: „Bompa, wenn ich groß und du klein wärst, dann würde ich es dir vorlesen."
Heute hat sich viel verändert, doch diese Zeile geht mir nicht aus dem Kopf: Bompa, wenn ich groß und du klein wärst…

Wenn ich groß und du klein wärst…
   Dann würde ich dir ein Puppenhaus bauen oder einen hölzernen Laster, oder einen Fletsche mit Gummiband
   Dann würde ich zu deiner Unterhaltung mit den Fingern schnipsen oder eine Melodie pfeifen, um dir den Tag zu erheitern
   Dann würde ich dich zum Essen ausführen, dir von Jesus erzählen und dir die unglaublichsten Tricks mit Papier und anderen Gegenständen vorführen
Wenn ich groß und du ein Teenager wärst…
   Dann wäre ich derjenige, von dem du stets ein Werthers Echtes oder eine andere Leckerei bekämst (Macht es dir was aus, wenn es bereits etwas alt und fad schmeckt?)
   Dann würde ich dir Gedichte an deinen Geburtstag schreiben
   Dann würde ich dir eine Liebe für die Bibel mitgeben, eine Leidenschaft, die Bibel in- und auswendig zu kennen
   Dann würde ich dir zeigen, wie man in Würde trauert mit dem Frieden, den nur Jesus geben kann
Wenn ich groß und du ein junger Erwachsener wärst…
   Dann würde ich dir beibringen, dass Gott dich in allen Lebensumständen gebrauchen will und dass es keinen Ort oder Umstand gibt, der deinen Dienst behindern kann
   Dann würde ich deinen Tag mit einem Lächeln und einem „Dankeschön" erheitern, auch wenn dies das Einzige ist, was ich tun kann
   Dann würde ich mit dir Picknicks am See machen und dabei den Anblick der Boote, der Gänse und der friedlichen Natur genießen
   Dann würde ich dir zeigen, was es heißt, ein Leben zu leben, das man nicht bereuen muss
   Und dir ein unglaubliches Vermächtnis hinterlassen:
      eine Liebe für den Herrn,
      eine Leidenschaft, der Welt von Gott zu erzählen,
      eine Mutter, die in ihrem fröhlichen Dienst für andere ein
      Abbild echter Liebe ist
Bompa, wenn ich groß und du klein wärst, dann hoffte ich, dass ich für dich der Held wäre, der du für mich gewesen bist.

The Father's Gift

Words by Donna Gassett
Recorded by the Parschauer Sisters on "Candlelight Christmas"
...in loving memory of Dad Parschauer

As candles flickered on the tree Daddy handed down to me
One tiny gift, a box without a bow
I looked up with grand surprise at the tears in his eyes
For the box held a locket: a treasure of gold

How can I thank him at Christmas time
For Love come down from his hand
I will take that precious gold
And evermore I will hold it close to my heart
I know he'll understand

The heavenly Father gives today gifts that take our breath away
High mountain peaks and rivers running cold
But can you see the Father's eyes as heaven made the sacrifice
One tiny Baby, more precious than gold

How can I thank Him at Christmas time
For Love come down from His hand
I will take that precious Gold
And evermore I will hold it close to my heart
I know He'll understand

Geschenk des Vaters

Text von Donna Gassett
Aus dem Album „Candlelight Christmas" von den Parschauer Schwestern
...in liebevollem Gedenken an Vater Parschauer

Als die Kerzen am Baum leuchteten, gab mir Vater
ein kleines Geschenk, eine Schachtel ohne Schleife
Ich blickte zu ihm auf und sah voller Erstaunen Tränen in seinen Augen,
denn die Schachtel enthielt ein Medaillon, einen Schatz aus Gold

Wie kann ich ihm zur Weihnachtszeit danken
Für die Liebe aus seiner Hand
Ich werde dieses kostbare Gold nehmen
Und es immer nah am Herzen tragen
Er wird es verstehen, da bin ich mir gewiss

Unser himmlischer Vater schenkt uns heute etwas, das uns den Atem nimmt
Hohe Berggipfel und Flüsse, in denen kaltes Wasser fließt
Doch hast du die Augen des Vaters gesehen, als der Himmel dieses Opfer brachte
Einen kleinen Säugling, wertvoller als Gold

Wie kann ich ihm zur Weihnachtszeit danken
Für die Liebe aus seiner Hand

Ich werde dieses kostbare Gold nehmen
Und es immer nah am Herzen tragen
Er wird es verstehen, da bin ich mir gewiss

So Much to Celebrate

Words and Music by Donna and Sonja Gassett
Recorded on "Broken but Beautiful"

Came home from school with a smile on my face;
I had aced the test
Mama lit a candle, put the teapot on; and then she said
"Let's have a party like the time we did
When you won the race…like you hoped you would
There's so much to celebrate, celebrate."
Came home from school with a tear in my eye;
I had flunked the test
Mama lit a candle, put the teapot on; and then she said:
"Let's have a party like the time we did
When you lost the race…but you ran to win
There's so much to celebrate, celebrate."
Mama has run her final race; we were gathered around her bed
We light a candle, kiss her goodbye; then Mama says:
"We'll have a party in my new home
Where we'll sing together around the throne;
There's so much to celebrate, celebrate."
Forever we will celebrate, celebrate.

Es gibt so viel zu feiern

Text und Musik von Donna und Sonja Gassett
Aus dem Album „Broken but Beautiful"

Ich kam mit einem Lächeln von der Schule
Die Arbeit hatte ich mit einer 1 bestanden
Mama zündet eine Kerze an, setzt Teewasser auf und sagt
„Lass uns feiern wie damals
Als du das Rennen gewonnen hast… wie du es dir erhofft hattest
Es gibt so viel zu feiern, so viel zu feiern."

Ich kam weinend von der Schule
Die Arbeit hatte ich in den Sand gesetzt
Mama zündet eine Kerze an, setzt Teewasser auf und sagt
„Lass uns feiern wie damals
Als du zwar das Rennen verlorst…aber dein Bestes gegeben hast
Es gibt so viel zu feiern, so viel zu feiern."

Mutter lief ihr letztes Rennen; wir versammeln uns um ihr Bett
Wir zünden eine Kerze an, geben ihr einen Abschiedskuss und Mama sagt:
„Lasst uns in meinem neuen Zuhause feiern

Singend versammelt um den Thron
Es gibt so viel zu feiern, so viel zu feiern."
Wir werden feiern bis in alle Ewigkeit

Tiny Stitches
By Donna Gassett
…remembering Mom, Maureen Parschauer

Heading out the door to catch the bus in time for school
He suddenly remembered something he forgot to do
"Mom," he called in panic, "do you think that you could sew
This emblem on my jacket before I have to go?"
That night as she was tucking all the children into bed
He pointed to the emblem on the jacket and then said,
"Mom, you used such big stitches and I guess it's fine
But didn't you say that tiny ones mean more than work and time."
Tiny, tiny stitches
Spell love with needle and with thread
Tiny, tiny stitches
More eloquent than any words she said
Later on she tiptoed softly back in to the room
And picked up that old jacket from the floor where it was strewn
Then taking off the emblem she sewed it on again
Using tiny stitches where those big ones had been

Feine Nähte
Von Donna Gassett
…in Gedenken an meine Mutter, Maureen Parschauer

Als er zur Tür hinausging, um den Bus zur Schule zu erwischen
erinnerte er sich plötzlich an etwas, das er vergessen hatte
„Mama", rief er panisch, „meinst du, du könntest diesen Flicken
noch auf die Jacke nähen, bevor ich los muss?"

An jenem Abend als sie die Kinder zu Bett brachte
deutete er auf den Flicken und sagte,
„Mama, die Nähte auf dem Flicken sind so groß und das ist auch nicht
weiter schlimm
Aber hattest du nicht gesagt, dass feine Nähte mehr als Zeit und Arbeit
bedeuten."
Feine, feine Nähte
Ausdruck der Liebe mit Nadel und Faden
Feine, feine Nähte
Eloquenter als irgendwelche Worte

Später ging sie auf Zehenspitzen zurück ins Zimmer
nahm die alte Jacke vom Fußboden, wo er sie unachtsam hinwarf
Sie nahm den Flicken von der Jacke und nähte ihn erneut an
mit feinen Nähten anstatt der groben

TRIBUTE TO MY FATHER
by Dr. John Parschauer

*Words often fail to express the deep love, respect, and gratitude I have
for my dear Dad, but I will summarize some of my feelings as follows:*

*F - Faithful, Forgiving, Friend, Follower of Christ
A - Abiding (John 15 - "abide in me"), Accountable, Adored Mom
T - Trustworthy, True, Tolerant, Terrific Dad
H - Humble, Helpful, Honest, Honorable
E - Easy to talk to, to love and a steady Example
R - Respectful, Respected, Reverent, Revered, Reverend*

THANKS DAD - MY MENTOR, MY HERO, MY FATHER
I DEEPLY LOVE AND RESPECT YOU!
YOUR SON, JOHN

ZU EHREN MEINES VATER
Von Dr. John Parschauer

*Worte vermögen es oft nicht, meine tiefe Liebe, meinen Respekt und
meine Dankbarkeit für meinen lieben Vater auszudrücken. Ich werde
jedoch versuchen, meine Gefühle auf den Punkt zu bringen:*

*F – Treu, vergebend, Freund, Nachfolger Christi
    (Faithful, Forgiving, Friend, Follower of Christ)
A – Bleibend (Johannes 15 – „Bleibet in mir"), verantwortungsvoll,
    verehrte Mutter
    (Abiding (John 15 - "abide in me"), Accountable, Adored Mom)
T - Vertrauenswürdig, wahrhaftig, tolerant, ein toller Vater
    (Trustworthy, True, Tolerant, Terrific Dad)
H - Demütig, hilfsbereit, ehrlich, ehrenhaft
    (Humble, Helpful, Honest, Honorable)
E - Es war leicht, mit ihm zu reden, ihn zu lieben, ein stetiges Vorbild
    (Easy to talk to, to love and a steady Example)
R - Respektvoll, respektiert, ehrfürchtig, verehrt, geistlich
    (Respectful, Respected, Reverent, Revered, Reverend)*

DANKE VATI – MEIN MENTOR, MEIN HELD, MEIN VATER
ICH LIEBE UND RESPEKTIERE DICH ZUTIEFST!
DEIN SOHN, JOHN

TRIBUTE TO BOMPA
by John Mark Parschauer Jr.
Let's Finish Well

A vision to teach from the Word brings a year to learn.
A man will grow to lead.
Spirit, song, we follow You.
Let's finish well.
Love will lead my heart to yours.
My life, to you and ours.
As I go, so shall I cherish you.
Let's finish well.
With these young hearts in our care,
Learn to love.
Learn to be.
Live to serve through Him.
As I walk.
As I bring my soul to act justly.
And to love mercy.
And to walk humbly with my God.
Let's finish well.

EINE WÜRDIGUNG BOMPAS
Von John Mark Parschauer Junior
Lasst uns es gut zu Ende führen

Eine Vision, aus der Schrift zu lehren, bringt uns ein Jahr des Lernens.
Ein Mann wächst zu einem Leiter heran.
Geist, Lied, wir folgen Dir.
Lasst es uns gut zu Ende führen.
Liebe wird mein Herz zu deinem führen.
Mein Leben, zu dir und zu unserem.
Wenn ich gehe, werde ich dich schätzen.
Lasst es uns gut zu Ende führen.
Mit diesen uns anvertrauten jungen Herzen,
Lerne zu lieben.
Lerne zu sein.
Lebe, um durch ihn zu dienen.
In meinem Lebenswandel.
Hält meine Seele sich an Gottes Wort.
Ich übe mich in Liebe.
Und bin demütig vor meinem Gott.
Lasst es uns gut zu Ende führen.

Why Did You Have to Go
Josh Parschauer (age 8) for Nana
Why did you have to go?
Why did you have to go so soon?
Why couldn't you stay and play
Why did you have to take that heavenly hot air balloon?
For all I know you could be dancin'; you could be prancin'
You could be doing somersaults
For all I know you could be singin'
You could be eating chocolate malts
But, Nana, why did you have to go so soon
Why couldn't you stay and play
Why did you have to take that heavenly hot air balloon?

Warum musstest du fort
Josh Parschauer (im Alter von 8) für Nana
Warum musstest du fort
Warum musstest du so früh schon fort?
Warum konntest du nicht bleiben und spielen
Warum musstest du in diesem himmlischen Heißluftballon aufsteigen?
Jetzt kannst du tanzen und springen
Und Purzelbäume schlagen
Jetzt kannst du singen
Und Schokoladenpralinen essen
Warum, Nana, warum musstest du fort?
Warum konntest du nicht bleiben und spielen
Warum musstest du in diesem himmlischen Heißluftballon aufsteigen?

NACHWORT
2012

Das Vermächtnis von John Parschauer lebt weiter. Die Bibelschule Brake, die er in Deutschland mitgegründet hat, ist mittlerweile eine der größten evangelikalen, theologischen Ausbildungsstätten in Deutschland. 2007 hat Doyle Klaassen die Position des Direktors an Matthias Rüther abgegeben, einen sehr kompetenten jungen Deutschen, unter dessen Leitung die Schule weiterhin gedeiht. 2. Timotheus 2,2 ist immer noch das Motto der Bibelschule: „Und was du von mir gehört hast durch viele Zeugen, das befiehl treuen Menschen an, die da tüchtig sind, auch andere zu lehren." Fast 2000 junge Menschen haben mittlerweile die Ausbildung an der Bibelschule abgeschlossen und arbeiten weltweit in verschiedenen christlichen Diensten. Was für ein Vorrecht war es für uns als Familie, bei der 50. Jubiläumsfeier der Bibelschule Brake 2009 dabei zu sein. Man lud uns (die Parschauer Schwestern) ein zu singen. Wir erinnerten uns an Vaters Leben und ehrten ihn auf vielerlei Weise. Einer der Schüler spielte ihm zu Ehre ein Saxophonsolo. Er spielte die Originalversion eines Kirchenliedes, wie Vater es immer gespielt hatte. Für uns war es sehr bewegend, als ganz unerwartet ein Video von Vater eingespielt wurde, in dem er von den wundersamen Anfängen der Schule erzählte. An einem Nachmittag während der Konferenz trafen sich an die 500 Ehemalige zum Kaffeetrinken und gaben Zeugnis von Gottes Treue. Vater wäre vollkommen begeistert gewesen!

Nach 50 Jahren ist das New Brunswick Bible Institut (NBBI) in Kanada noch immer seiner Mission verpflichtet: gottesfürchtige Jünger und ergebene, dienende Leiter für Jesus Christus zu formen . . . Männer und Frauen mit Charakter, Weisheit und Einsicht, die die Welt mit dem Evangelium verändern wollen. Dr. Ray Pritchard, der vor kurzem an der Schule sprach, beschrieb NBBI als „einen erstaunlichen Ort, ein unentdecktes Juwel unter den Bibelinstituten Nordamerikas. Die Schule an einem grünen Hang in New Brunswick formt immer noch die kommende Generation christlicher Leiter."

Danny Robins, der Sohn von Vaters bestem Freund Ken, dient der Schule als Geschäftsführer und hält die starke Parschauer/Robins Verbindung mit persönlichen Briefen am Leben, die er mit der vererbten Eloquenz seines Vaters schreibt. Er beendet seine Brief stets mit dem Kürzel „LFW" [Lasst es uns gut zu Ende bringen].

Vaters Vermächtnis lebt auch im Leben seiner Kinder und Enkelkinder weiter. Sharon ist Grundschullehrerin und setzt neben ihrer Arbeit in der Gemeinde auch ihre außergewöhnliche Dekorations- und Planungsbegabung bei öffentlichen Veranstaltungen ein. Sie und ihr Ehemann, David Harder, ein Geschäftsmann, haben zwei Kinder (Reynell Smith und Jonathan), die beide Ärzte sind.

Donna und Bill Gassett schreiben Musik, singen und predigen mit Crescendo Ministries und leben in Huron in Ohio. Donna ist die Musikleiterin in der Chapel in Sandusky. Bill und Donnas Tochter, Sonja Leavitt, ist eine Sängerin, Songschreiberin und leitet den Lobpreis in der Gemeinde. Sie unterrichtet zudem an der Ohio State University (OSU) in Columbus.

John Jr. ist Augenarzt (Parschauer Augenzentrum) in Sandusky in Ohio, wo er und seine Frau Beverly drei Söhne großgezogen haben: John Mark ist Musiker, Justin Arzt, und Ryan Seelsorger in einem Hospiz. Sowohl John als auch Beverly sind in der Chapel und im Ort aktiv und haben sich an verschiedenen medizinischen Missionsreisen beteiligt.

Darlene, verheiratet mit Bill Schroeder, dem Gründer und Pastor der Chapel in Sandusky, hilft dort aktiv mit. Die Chapel hat im Laufe der letzten 25 Jahren eine Größe von 2.000 Besuchern erreicht. Darlene leistet einen wesentlichen Beitrag dazu, die Vision der Gemeinde in die Tat umzusetzen und dient an den Herzen der Gemeinde mit ihrem feinen Gespür für Menschen. Ihre Begabung ist es, eine warme und gastfreundliche Atmosphäre zu schaffen. Zudem engagiert sie sich im Lobpreis, bei der Vorbereitung von Veranstaltungen und der Gestaltung des Gottesdienstes. Sie und Bill haben zwei Kinder: Andrea Preston ist Kinderärztin und Ken studiert Strafrecht.

Ken und seine Frau Lucy leben ebenfalls in Sandusky in Ohio. Ken ist Augenarzt am Parschauer Augenzentrum und ein Facharzt für Kataraktoperationen. In Zusammenarbeit mit der Christian Medical Society hat er viele Operationen in der Dritten Welt durchgeführt. Er hat zwei Kinder: Josh ist Werbetexter in Kalifornien und Kara Zahnarztassistentin.

Bei Familienfeiern, wenn die ganze Familie zum Essen zusammenkommt, singen wir immer noch a cappella unseren traditionellen Segen in der Melodie der Doxology in unterschiedlichen Stimmlagen - und wir hören immer noch Vaters tiefe Stimme bei dem „Amen".

Be present at our table, Lord
Be here and everywhere adored
These mercies bless and grant that we
May strengthened for Thy service be. AMEN.

Herr, sei gegenwärtig hier an diesem Tisch
Sei hier und überall verehrt
Segne diese gnädigen Gaben
Auf das wir gestärkt werden für Deinen Dienst. AMEN.

Und das Vermächtnis lebt weiter. Bompas Urgroßenkel sind auch bereits da: Liam, Mia, Olive, Silas...

LEGACY OF LOVE

From the heart of a grateful grandchild
Words/Music by Sonja Leavitt

Legacy of Love, the thread we pass
Between us; Flesh and Blood

Legacy of Love, the thread we pass
Between us; Life and Love

You tuck me in, kiss my cheek
Sing a song, rock me to sleep

You opened your heart to let me in
My little journey's about to begin

Legacy of Love, the thread we pass
Between us; Flesh and Blood

Legacy of Love, this thread we pass
Between us; Life and Love

You care for me, provide for me
Take pride in me, pray for me

You paved the way, prayed me through
Soon you'll hear me say "I love you"

Days are moving slowly, but life goes so fast
I want every moment spent with you to last

Legacy of Love, the thread we pass
Between us; Flesh and Blood

Legacy of Love, the thread we pass
Between us; Life and Love...

EIN VERMÄCHTNIS DER LIEBE

Aus dem Herzen eines dankbaren Enkelkindes
Text/Musik von Sonja Leavitt

Ein Vermächtnis der Liebe, wir geben den Faden
unter uns weiter; Fleisch und Blut

Ein Vermächtnis der Liebe, wir geben den Faden
unter uns weiter; Leben und Liebe

Du deckst mich zu, küsst meine Wange
Singst mir ein Lied und wiegst mich in den Schlaf

Du hast dein Herz geöffnet und mich hineingelassen
Meine Reise beginnt nun bald

Ein Vermächtnis der Liebe, wir gebend den Faden
unter uns weiter; Fleisch und Blut

Ein Vermächtnis der Liebe, wir geben den Faden
unter uns weiter; Leben und Liebe

Du sorgst für mich, versorgst mich
bist stolz auf mich und betest für mich

Du hast für mich den Weg geebnet, mich mit Gebet durchgetragen
Bald wirst du mich sagen hören: „Ich liebe dich"

Tage vergehen nur langsam, doch das Leben vergeht so schnell
Ich will, dass jeder Moment, den ich bei dir bin, anhält

Ein Vermächtnis der Liebe, wir geben den Faden
unter uns weiter; Fleisch und Blut

Ein Vermächtnis der Liebe, wir geben den Faden
unter uns weiter; Leben und Liebe...

29. DEZEMBER 2011

Heute ist Vaters 99. Geburtstag, und ich fühle mich gedrängt, ihm zur Ehre einen Spaziergang am Sheldon Marsh zu machen, einem beliebten Landschaftsschutzgebiet in der Nähe unseres Hauses. Auf dem Fußweg in der weiten sumpfigen Landschaft halte ich nach Gänsen Ausschau und nehme dann den Weg zum ausgedehnten Strand von Lake Erie. Die Sonne am Himmel geht langsam unter, und die Wolken sind eine rosafarbene Pracht. Ich erinnere mich an Vater und danke Gott für ihn; ich vermisse ihn.

Das Gold der untergehenden Sonne wird intensiver, vergoldet die Bäume zu meiner Rechten. Eine außergewöhnliche Schönheit. Ich denke über das Lied nach, dass Sonja zu Ehren Bompas schrieb: „Wie die Sonne aufgeht, so geht sie unter". Ich flüstere ein Gebet: „Herr, möge derselbe Geist, der in Vater wohnte, auch in seinen Enkeln und Urenkeln leben." Ich beginne, sie der Reihe nach aufzuzählen, während ein sanfter Regen fällt. „Ja, Jesus", sage ich, „fall wie dieser Regen auf die kommende Generation." In dem Moment schaue ich links über den See. Ich halte den Atem an. Ein Regenbogen füllt den Himmel über der Weite des Sees. Gottes Zeichen und Versprechen als Antwort auf mein Gebet ist so offensichtlich und spektakulär, dass ich beinahe zu lachen beginne! Während aller meiner Spaziergänge am Sheldon Marsh habe ich dort noch nie einen Regenbogen gesehen . . . bis heute. Es ist das abschließende Ausrufezeichen an Vaters 99. Geburtstag. Im Nebel der Dämmerung gehe ich zu meinem Auto und höre über mir, was auch sonst, . . . den Ruf der Gänse.

ÜBER DIE AUTORIN

Donna Gassett ist in Kanada geboren und wuchs in Deutschland auf. Sie studierte in den USA am Houghton College (B.A.) und an der Eastman School of Music (M.A.). Sie reiste ausgiebig und gab Konzerte mit ihren Schwestern, Sharon Harder und Darlene Schroeder (Parschauer Schwestern) und auch mit ihrem Ehemann Bill für Crescendo Ministries.

Als Sängerin/Songschreiberin/Lobpreisleiterin leitet Donna seit 15 Jahren die Musik an der Chapel in Sandusky in Ohio.

Donnas geistliche Leidenschaft durchdringt auch ihre Arbeit im örtlichen Bibelkreis, den sie leitet, und die Frauenfreizeiten, bei denen sie spricht.

Donna und Bill leben in Huron in Ohio und haben eine verheiratete Tochter, die Musikerin Sonja Leavitt. Ach ja ... und eine kleine Enkeltochter, Olive, eine der Urenkelinnen von John Parschauer, für die diese Geschichte von Bompa aufgeschrieben wurde!

Crescendo Ministries
P.O. Box 494
Huron, OH 44839
USA
E-Mail: gassett@bex.net
Telefon: 419-433-8048